New 新視野 10
window

寫給女人的生活法律書

勝達法律事務所所長
蔡惠子◎著

英屬維京群島商高寶國際有限公司台灣分公司
高寶國際集團

NW 新視野 010

寫給女人的生活法律書

作　　者：蔡惠子
書系主編：丘　光
編　　輯：李欣蓉
校　　對：蘇芳毓、李欣蓉
出 版 者：英屬維京群島商高寶國際有限公司台灣分公司
Global Group Holdings, Ltd.
地　　址：台北市內湖區新明路174巷15號1樓
網　　址：www.sitak.com.tw
E - mail：readers@sitak.com.tw＜讀者服務部＞
pr@sitak.com.tw＜公關諮詢部＞
電　　話：(02) 2791-1197　2791-8621
電　　傳：出版部（02）2795-5824
行銷部（02）2795-5825
郵政劃撥：19394552
戶　　名：英屬維京群島商高寶國際有限公司台灣分公司
初版日期：2005年6月
發　　行：希代書版集團發行/ Printed in Taiwan

國家圖書館出版品預行編目資料

寫給女人的生活法律書 / 蔡惠子著. -- 初版.
-- 臺北市 : 高寶國際出版 : 希代發行,
2005[民94]
面 ;　公分. -- (新視野 ; 10)

ISBN 986-7323-42-4(平裝)
1. 法律 - 中國 - 案例

582.18　　94008725

問題，不是遇到了才去想要如何解決！
這是每個女人都該知道的生活法律常識。

CONTENTS

CONTENTS

婚姻家庭

子女權益

CONTENTS

消費保障

CONTENTS

女人，爭取應有的權益！

每天打開報紙或電視，我們可以看到許多的犯罪新聞，這似乎已成爲人們所揮之不去的夢魘，在這社會新聞中攸關女性的案件有日益增多的趨勢，這讓我們不得不再重新審視，法律對於我們究竟有何作用和影響？而身爲女性的妳，是否知道該做些什麼防護？或是該從何管道訴求妳的權益？

我們從小到大都被宣導著，法律之前人人平等，但是否有想過所謂的平等，所代表的意義究竟是什麼？這說明了，法律是在保護「知法」的人，而不是眼看著政府今日訂立了法律，以爲有黑紙白字的承諾，就表示妳一定就受到了保障。這也訴說著，我們應該重視也必須花些心思了解，圍繞在生活週遭與妳切身相關的法律問題，將它當作是妳最佳的貼身保鑣，才不會遇到事情時，手足無措喊冤無門，甚至是傷人傷心又傷財，至少，這可以成爲妳生活中一種保護的能力。

在社會快速的變遷中，女性正在現代與傳統的角色中找尋平衡點，很樂見的大部分的女性能夠爲自己爭取平等、安全及尊嚴的環境，我們也期許將來，女性同胞們能積極的爲自己的權益去行動及發聲，爲自己創造更有保障、幸福的將來。

現代婦女基金會董事長暨立法委員

潘維剛

解決問題、走出困境

如果在古代，惠子必然是俠女。路見不平，定要相助。且不待拔劍，光是挑眉怒目，就足以讓惡人先自膽寒氣弱。現代社會，鋼筋水泥阻擋了飛簷走壁，但惠子俠義心未曾稍減，化身律師，一樣濟弱扶傾。

律師形象其實是正、邪游移擺盪的綜合體，但「正」、「邪」，特別是「邪」，除了少數例外，往往投射的不是律師本人，而是他所代表的當事人。這樣的設計，是基於崇高的人權理念，所以即便是千夫所指的大奸大惡之徒，在法律判決有罪之前，總有辯護律師為其奮戰。一般民眾是分不清的，氣沒地方出，律師就成了代罪羔羊。

律師接到一個案件，決定是否接受委託的考量是什麼？為弱勢代言？為無罪者申冤？案件極具衝突性，將成為新聞焦點，還是單純的報酬豐厚？律師的鐘點費挺驚人，若稍有知名度，一開口，每句話，幾乎是字字千金。在台灣，特殊的時代背景，律師更成為跨入政壇的跳板。很難想像，會有一位高知名度的律師，願意「浪費」自己的職業生涯，義務為弱勢族群服務，甚至不藏私的傾囊相授。

惠子律師稱得上是稀有動物。她的心很熱，看不慣、不能忍受善良的人被欺負。她接受委託的案子，當事人儘管可恨，也定有可憐之處，否則惠子不能過的是自己這一關。當她在許多婦女支援團體，義務提供法律諮詢時，她往往比當事人更積極。不能放棄，因為惠子律師不同意！

不知爲何，總有一種不成文的約定俗成：男性承擔較大的社會責任和壓力，所以要給予男性較多的升遷機會，較少的家庭責任，讓男性能在職場打拼。男性卸下的一切義務，只好由女性承接。要在叢林般的社會求生存，女人要有比男人更強的工作能力，還得要有更好的情緒控制。不公平？是的，但叫嚷絕不是好方法，旁人，無論男女，會無情的對妳撇撇嘴，暗叫一聲「瘋女人」。不需要如此委屈自己，惠子律師這本書，要讓女人知道如何保護自己。

再精明幹練的女性，一但在愛情裡跌了跤，失去的不只是自我。但其實可以不必坐視尊嚴被蹂躪，身體被侵害，財務被侵奪。透過一件件個案，惠子律師再三提醒：女人啊！別成了愛情的奴隸！

翻開書、靜下心，透過惠子清晰明辯的思路、淺顯的文字，法律不再艱澀，而是解決問題、走出困境的倚靠。如果還是缺了面對難題的勇氣，別怕，後面有惠子律師撐著，儘管她身材嬌小，但理直，氣更壯！

《今晚那裡有問題》主持人

自序

有天晚上打開電視看到某電視台訪問狄鶯，訪問者其中有一個是狄鶯的前夫孫鵬，狄鶯提到一段當年兩人離婚時，狄鶯覺得孫鵬偶爾和小孩會面交往，孩子會思念父親，且孫鵬管教小孩的方式和狄鶯不同，會對孩子身心造成影響，小孩難以管教，所以很常一段時間狄鶯是阻絕孫鵬看孩子。當時狄鶯爲彌補孩子，竭盡心力給孩子完整的、滿滿的愛，只要孩子下課一定就可以見的到媽媽，狄鶯從不在孩子成長過程中缺席，狄鶯自認這樣的生活方式對孩子最好，直到有一天孩子向老師表達對父親的思念情緒及自己夾雜在父母親爭執間的無奈痛苦，才讓狄鶯從自己的價值觀走出來，狄鶯終於發現自己給孩子再多的愛都是母愛，無法取代父愛，因此狄鶯積極聯絡孫鵬，兩個人的孩子終於可以再度同時擁有父愛和母愛，而孫鵬、狄鶯也因爲孩子化解不少對立，可以重新當朋友。看到這段專訪的播出，我好希望所有離婚後阻絕對方探視孩子的父母可以看到這段訪問，我相信這些父母透過狄鶯和孫鵬的故事會對於自己一直堅持阻止對方探視孩子的想法應該有不同的解讀和覺醒，也許社會會因此少點對立、多一點歡樂。

我寫書的目的也是一樣，期待有緣人、需要幫助的人可以透過書中二十個從兩性交往、婚姻家庭、子女權益、甚至到每天都可能發生之消費爭議的眞實案例，去瞭解現行法律規定、自我權益所在，進而達到保護自己的作用，畢竟，法律不是保護「好人」，而是保護懂得法律的人，看到好多人因爲不懂法律、沒有法律常識而遭人騙財、騙色，最後卻因爲證據不充足，非但無法透過法庭活動還原事實眞相伸張正義，還必須耗費時間訴訟、繳付鉅額裁判費、律師費，我實在於心不忍。

至於爲何本書會命名爲寫給「女人」的生活法律書，那是因爲我覺得很多女人結婚後有些特質會不見，就像雷達被東西蒙蔽一樣，結婚後的女人不如婚前敏銳、浪漫，原來婚前冰雪聰明、有主見、愛自己、願意自我充實的那個女人，婚後都大不如前，新生活中的優先順序孩子、先生、家庭、柴米油鹽醬醋茶永遠排名第一，當女人自我價值褪色時，自尊就會逐漸消失，女人就把容易自己封鎖起來，閉門造車、孤軍奮戰，結果都是戰死沙場，所以特別標記給女人看，希望能讓女人覺醒。

聰明的你，看完故事後也許先不急著看答案，想想自己會如何處理？測試一下自己的法律學分，也歡迎您提供我更棒的解決之道。

蔡惠子

兩性交往

Relationship

- 遭到別人施以糾纏行為時可採取那些保護的措施？
- 什麼是約會強暴？姦淫的定義是什麼？
- 女人強姦男人犯罪嗎？
- 怎樣可以結婚不結財？約定夫妻財產制要如何辦理？
- 在網路上張貼色情圖片或仲介色情是否有罪？
- 在網路上做虛擬性愛遊戲是否違法？
- 未經他人同意，將他人裸照公佈在網路上要負何種法律責任？

一、走味的愛情有法可治嗎？

故事內容：

佩佩就讀大學的時候是學校的風雲人物，跳舞、演講、社團活動樣樣出色，身材姣好、面貌清秀，追求者相當多，當時佩佩選擇同班同學建廷當男朋友，在學校時兩個人互動良好，很少吵架。大四畢業時，建廷考上研究所繼續碩士課業，佩佩則因為對讀書沒興趣，回到台北工作，或許是因為時空的阻隔，加上學生生活與社會新鮮人生活方式迥異，佩佩和建廷經常為了生活作息、見面時間、金錢觀念等議題頻起爭執，甚至冷戰，兩個人感情日漸淡薄，佩佩向建廷提出分手要求，豈知，建廷竟然因此心生怨恨，開始以打電話、寫信等方式向佩佩的友人哭訴，聲稱自己深愛佩佩，請求友人協助挽回佩佩，還會不斷打電話給佩佩。佩佩不堪其擾，覺得建廷再也不是從前那個溫和體貼的人，只讓自己更想遠離他，因此也不理會建廷的一切手段。建廷見一切無效，竟開始採取更激烈的手段，除寄送各式各樣奇怪的東西給佩佩外，還會時時刻刻緊盯著佩佩，佩佩一回到家還會立刻接到建廷的電話說「妳回家了」，這些都嚴重影響佩佩原本安靜的生活，讓佩佩陷入極度不安，佩佩雖曾多次報警處理，但只要警察一離去，建廷的騷擾馬上又來，佩佩覺得自己快受不了，要發瘋了。有辦法制止建廷的騷擾嗎？

問題：

1. 常見的糾纏行為有那些？
2. 糾纏行為人應負的法律責任為何？
3. 遭到別人糾纏時可採取那些保護措施？

蔡律師為妳解答：

解答❶：

自古以來，因為感情糾紛而引起的暴力事件即時有所聞。如發生於民國八十七年清華大學兩位原為好友的女研究生，因同時愛上一位男研究生，致使其中一位女生殺害另一位女生，並以王水試圖溶解屍體；又如民國九十三年間，一位大學的研究生因為愛上同校學姊，經常以電話騷擾、跟蹤都無法得到學姊的愛，最後演變成用硫酸將學姊毀容的不幸事件。然而社會上似乎沒有因為前述事件的發生而得到警惕，反而有越演越烈的趨勢。正所謂「愛之欲其生，恨之欲其死」，固然有團體呼籲應重建兩性平等教育，或提供相關的心理輔導，但作為社會和平最後防線的法律究竟在這種事件中可以扮演多大的角色，尤其是現行法制到底能夠提供被害人多大的保護，實在值得各界注意和檢討。

依據外國的立法例，所定義的「糾纏行為」，大致包含：

(1)反覆糾纏他人、在特定地點守候他人或進入他人之住宅內
(2)反覆告訴被害人已經被監視或故意使他知道有人在監視他
(3)反覆要求與被害人見面或交往，或要求被害人做一些他沒有義務做的事
(4)反覆對被害人做出粗暴的言語或舉動
(5)反覆以無聲電話騷擾被害人，或打電話遭被害人拒絕後，仍繼續不停的打電話或傳真訊息
(6)將令人感到不悅或厭惡的東西（如擦拭過的衛生紙、動物屍體等）送給被害人
(7)故意告訴被害人一些可能會毀損被害人名譽的事情
(8)故意告訴被害人一些帶有性暗示的事情，或將帶有性暗示的東西送給被害人

前述的糾纏行為雖然大部分不會立即造成被害人肉體上的傷害，但帶給被害人的心理壓力卻是無法形容的，尤其是如果加害人一再反覆為之，到最後不是被害人受不了精神崩潰，就是加害人逐漸加強其行為的強度，最後演變成暴力或兇殺事件，然而目前我國不像日

本等先進國家，有專門對付糾纏行為的法律，此種法制上的缺失實有補足的必要。

解答❷：

依據我國目前法律的規定，**對他人施以糾纏行為可能會涉及的法律包括刑法、社會秩序維護法、民法及家庭暴力防治法**等等，以下做個簡單的介紹：

(1)刑法部分：雖然大部分的騷擾行為不會觸犯刑法，但仍有少數例外。例如：如果非經他人同意，擅自進入他人之住宅，即有可能觸犯刑法第三百零六條的侵入住居罪；如果以強暴脅迫的方式，要求被害人做他沒有義務做的事，或是阻礙被害人行使權利等，即有可能觸犯刑法第三百零四條的強制罪；如果持續對被害人施以騷擾，最後導致被害人精神失常者，也有可能觸犯刑法第二百七十七條的傷害罪。但這些犯罪的刑度都不高，最重僅為三年以下有期徒刑。

(2)社會秩序維護法部分：社會秩序維護法的罰則，性質上是屬於行政罰，原則上由警察機關執行處罰。社會秩序維護法所定的處罰種類可分為拘留（一日以上，三日以下，加重合計不得逾五日）、勒令歇業、停止營業（一日以上，二十日以下）、罰鍰（新台幣三百元以上，三萬元以下，加重合計不得超過新台幣六萬元）、沒入及以書面或言詞所為之申誡。有些騷擾行為會觸犯社會秩序維護法，例如故意窺視他人臥房或以猥褻之言語、舉動調戲異性會觸犯社會秩序維護法第八十三條，可處以新台幣六千元以下之罰鍰；又如無正當理由跟追他人，經勸阻不聽者會觸犯同法第八十九條，可處以新台幣三千元以下之罰鍰或申誡；加暴行於人者會觸犯同法第八十七條，可處以三日以下之拘留或新台幣一萬八千元以下之罰鍰。

(3)民法部分：許多糾纏行為同時也會構成民法的侵權行為，如因此導致被害人受有財產上之損害，被害人自可依法請求損害賠償；如侵害被害人之身體、健康、名譽、自由、信用、隱私或侵害其他人格權而情節重大者，被害人尚得請求精神上的賠償。

(4)家庭暴力防治法部分：如加害人與被害人間有家庭暴力防治法所稱之家庭成員關係時（參離我遠一點篇），而加害人之行為會造成被害人身體上或精神上之侵害時，被害人尚可依法向法院聲請核發保護令。

解答❸：

一般而言，糾纏行為之惡行大多是在社會秩序維護法所定犯行之上，但在刑法所定的犯罪行為之下。因為大部分的糾纏行為並不構成刑法上的犯罪，只能透過社會秩序維護法或民法加以處理，但社會秩序維護法的處罰甚輕，而民事訴訟不僅曠日費時，且須由被害人自己舉證有受侵害之事實，對加害人而言，顯難遏止其繼續性的侵害，對於因此造成被害人極度不安及精神失調，亦難有保障。為此，某些國家立有管制糾纏行為的法律，透過類似家庭暴力防治法保護令的機制，排除加害人的糾纏，並給予被害人某些協助。

如此的立法實在值得我國借鏡，因為就我國目前法制而言，遭受他人糾纏之被害人大多只能請求警方協助或於損害發生後，自行提起民事訴訟尋求救濟，但因並非所有的糾纏行為均有法可管，導致於特定場合，警方亦無能為力，即會造成如標題所稱的走味愛情無法可管的情形，如果能有專門的法律來規範造成被害人難以消受的「盛情」，對於社會安全及避免被害人恐懼及焦慮，必大有助益。

附錄：

民事（一般性）暫時保護令聲請書狀

聲請人（即）	○○○	設（住）
法定代理人	○○○	住
代　理　人	○○○	住
被　害　人	○○○	□男、□女　住 送達處所： 聯絡電話：
相　對　人	○○○	□男、□女　住

為聲請民事（一般性）暫時保護令事：

聲請意旨

聲請對相對人核發下列內容之暫時保護令（請勾選符合您所欲聲請之保護令內容）：□相對人不得對下列之人實施身體或精神上不法侵害之行為：□被害人：

□被害姓名____________。

□被害人其他家庭成員（姓名）____________。

□相對人不得直接或間接對於被害人為下列聯絡行為：□騷擾；□通話；□通信；□其他__________。

□相對人應在　年　月　日前遷出被害人之下列住居所：____________________________，將全部鑰匙交付被害人。

□相對人不得就上開不動產（包括建物及其座落土地）為任何處分行為；亦不得為下列有礙於被害人使用該不動產之行為：□出租；□出借；□設定負擔；□其他：__________。

□相對人應最少遠離下列場所至少______公尺：

□被害人住居所（地址：　　　　　　　　　　）；

□被害人學校（地址：　　　　　　　　　　）；

□被害人工作場所（地址：　　　　　　　　　　）；

□其他被害人或其特定家庭成員經常出入之場所及其地址：

____。

□相對人應遠離下列區域：　　　縣（市）　　　鄉鎮市

以東　　　以西　　　以南　　　以北。　　　鄰里。

□其他____。

□下列物品之使用權歸被害人：□汽車（車號：　　　）；

□機車（車號：　　　）；

□其他物品____。

□相對人應於　　　年　　　月　　　日　　　時前，在__________

__________將上開物品連同相關證件、鑰匙等交付被害人。

□下列未成年子女權利義務之行使或負擔，由□被害人□相對人□被害人及相對人共同，以下述方式任之：未成年子女姓名、性別、出生年月日、權利義務行使負擔之內容及方法：

____

____。

□相對人應於　　　年　　　月　　　日前將子女______________交付被害人。

□其他保護被害人及其特定家庭成員之必要命令：

□程序費用由相對人負擔。

原因事實

（請勾選符合您本件聲請之事實，如有其他補充陳述，請在「其他」項下填寫）

（一）被害人、相對人之關係：□婚姻中（□共同生活□分居）□離婚；□現有或□曾有下列關係：□事實上夫妻關係□家長家屬□家屬間□直系血親□直系姻親□四親等內旁系血親 □四親等內旁系姻親□其他：＿＿＿＿＿＿＿＿＿＿＿＿＿＿＿＿

（二）被害人之職業＿＿＿＿、經濟狀況＿＿＿＿、教育程度＿＿＿；相對人之職業＿＿＿＿經濟狀況＿＿＿＿、教育程度＿＿＿＿；□有共同子女＿＿＿＿人；其中未成年子女＿＿＿＿人，姓名及年齡＿＿＿＿＿＿＿＿。

（三）家庭暴力發生之時間、原因、地點，及被害人有家庭暴力急迫危險之事由：

發生時間：＿＿＿年 ＿＿月＿＿日 ＿＿時＿＿＿分

發生原因：□感情問題□個性不合□口角□慣常性虐待□酗酒□施用毒品、禁藥或其他迷幻藥物□財務問題□兒女管教問題□親屬相處問題□不良嗜好□精神異常□出入不當場所（場所種：＿＿＿＿＿＿＿）

□其他：＿＿＿＿＿＿＿＿＿＿＿＿＿＿＿＿＿＿＿＿

發生地點：＿＿＿＿＿＿＿＿＿＿＿＿＿＿＿＿＿＿＿＿

（四）被害人及其家庭成員是否遭受相對人暴力攻擊？□是□否；如是，遭受攻擊者姓名：＿＿＿＿＿＿＿＿＿，係□兒童□少年□成人□老人。

遭受何種暴力？□普通傷害□重傷害□殺人未遂□殺人□性侵害□妨害自由□其他：

攻擊態樣：□使用槍枝□使用刀械□使用棍棒□徒手□其他：

是否受傷？□是□否，如是，受傷部位：。

是否驗傷？□是□否，如是，是否經醫療院所開具驗傷單？□是□否。

（五）被害人及其家庭成員是否遭受相對人恐嚇、脅迫、辱罵及其他精神上不法侵害？□是□否，如是其具體內容為：＿＿＿＿＿＿＿＿＿＿＿＿＿＿＿＿＿＿＿＿＿＿

（六）是否有任何財物毀損？□是□否，如是，被損之物品為：＿＿＿＿＿＿屬於＿＿＿＿＿＿＿＿＿所有。

（七）相對人以前是否曾對被害人及其家庭成員實施暴力行為？□是□否，如是，共＿＿次，最近一次時間：＿＿年＿＿＿月＿＿日，被害人：　　　　　。

相對人以前是否曾因家庭暴力行為，經法院核發民事保護令？□是□否，如是，共　　　　次。

（八）相對人以前是否曾以言詞、文字或其他方法恐嚇被害人不得報警或尋求協助？□是□否。

（九）相對人以前是否曾受□戒癮（□酒精、□藥物濫用、□毒品、□其他＿＿＿＿）治療、□精神治療、□心理輔導？如是，其治療或輔導機構為：＿＿＿＿＿＿＿＿＿＿＿＿＿＿＿＿，成效如何？＿＿＿＿＿＿＿＿＿＿＿＿

（十）被害人希望相對人交付物品之場所為：

（十一）被害人是否要求對其本人及子女之住居所予以保密？

□是□否。

（十二）其他：

證據

（一）證人姓名及住所：

（二）證物：

此　致

臺灣　苗栗　地方法院家事法庭

具　狀　人

（蓋章）

法定代理人

（蓋章）

代　理　人

（蓋章）

撰　狀　人

（蓋章）

中 華 民 國　　　　　　年　　　　　月　　　　　日

二、什麼叫做約會強暴？

故事內容：

麗萍和中漢交往六個多月了，兩個人平常約會的時候，中漢會主動牽牽麗萍的手、親親麗萍的臉頰或嘴唇，麗萍總是害羞的微微抵抗，中漢就把麗萍的抵抗當作是女孩子的矜持，不以為意。去年情人節，中漢開車載麗萍到宜蘭找友人聚餐慶祝，當晚兩人都喝點酒，但是意識都算清楚，中漢以喝酒無法開車為由請求麗萍一起投宿賓館，麗萍很遲疑，一方面擔心強迫中漢開車回家會發生意外，另一方面又擔心孤男寡女一起投宿賓館會「擦槍走火」。因此，麗萍雖然同意住在宜蘭賓館內，但要求和中漢一人住一間房間，兩人在辦妥投宿賓館手續後，又到賓館附近的運動公園散步聊天，一直到清晨一點才回到賓館，中漢把麗萍送回房間，開始對麗萍做出摟腰、親嘴等親密動作，其實麗萍並不討厭中漢，只是覺得兩個人交往時間不是太久，瞭解不夠深刻，麗萍覺得在還沒對這份愛情有充分認知之前冒然發生性關係會模糊和轉移雙方關係，因此當中漢想對麗萍有進一步親密舉止時，麗萍先是輕言拒絕、並輕推中漢，但是中漢對麗萍的反抗卻無動於衷，完全不顧麗萍的拒絕褪去麗萍衣物，撫摸麗萍，直到麗萍嚴詞拒絕、痛哭失聲，中漢才停止，麗萍感到相當受傷，麗萍能告中漢嗎？

問題：

1. 什麼是約會強暴？姦淫的定義是什麼？
2. 強姦罪是告訴乃論之罪嗎？
3. 女人強姦男人犯罪嗎？
4. 如何避免訴訟中的二度傷害？

蔡律師為妳解答：

解答❶：

你是否覺得自己身處在一個性侵害氾濫的都市叢林中，報紙上各種怵目驚心的強暴案件，周遭時而聽聞的辦公室性騷擾及約會強暴，令人擔憂自己會不會是下一個受害者。你知道約會強暴發生率最高的年齡是幾歲嗎？調查指出約會強暴發生的平均年齡無論加害人或被害人均約為十八歲，因為這些大部分在大專院校唸書的少男少女，好不容易掙脫父母的保護控制，總覺得只要我喜歡有什麼不可以，因此很容易在縱情狂歡中發生約會強暴或相識強暴。由於攻擊者與受害人有一定的關係（朋友、約會對象、鄰居、同事、同學），但不管關係多淡薄，要受害人承認遭到強暴，通常需要更多的勇氣和時間。相識強暴或約會強暴令人遺憾的原因是，加害人把暴力、強迫的接觸及對個人權利的忽視，帶進了原本應該是自在、相互渴望、享樂及關懷的關係裡。

「姦淫」的定義是什麼？姦淫一定是男性將生殖器插入女性陰道才算數嗎？民國八十八年四月廿一日刑法修正前關於強姦罪之定義為「對於婦女以強暴、脅迫、藥劑、催眠術或他法，致使不能抗拒而『姦淫』之。」，這裡所謂的「姦淫」，僅限於男性生殖器插入女性陰道之行為。但隨著犯罪手法日益殘暴變態，例如民國八十五年台中驚傳變態男子以削尖的竹子，猛烈且多次插入年僅五歲的女童下體，導致女童小腸外露、血流不止，這種性侵害行為比傳統限於生殖器插入的姦淫更駭人聽聞，被害人的傷害也更大，但依據當時的法律卻只能處加害人較輕的強制猥褻罪或重傷害罪，因此民國八十八年修正刑法第十條對「性交」的定義改為「以性器進入他人之性器、肛門（肛交）或口腔（口交）的行為、或以性器以外之其他身體部位或器物進入他人之性器或肛門之行為，（以異物插入生殖器或肛門）」都叫做性交，而刑法第二百二十一條也修正為「對於男女以強暴、脅迫、恐嚇、催眠術或其他違反其意願之方法而為性交者，處三年以上十年以下有期徒刑」。

解答❷：

提到強姦，你一定馬上聯想到孔武有力的壞男人強迫柔弱無助的女人發生性行為的畫面，但誰說女人不會強暴男人？別以為這種想法很可笑，過去各國立法也都停留在這樣的刻板印象，認為強姦罪只限於男對女，我國之前刑法第二二一條也規定強姦罪之被害人只限於「婦女」，過去刑法規範對於同性之間的強制性行為或女對男的強姦行為，都無法以強姦罪論斷而是以強制猥褻罪處罰。但時代真的不同了，「個人性自主決定權」觀念成為各國立法的原則，「男女」的性自主權都該受到尊重，因此美國、法國、加拿大等國家都把強姦罪的被害人擴大到男性，我國在八十八年修改刑法時，也採用了這個男女平權的新觀念，**所以目前刑法的「強制性交罪」不再限於男對女，女對男、男對男、女對女均有成立強制性交罪之可能**。

解答❸：

別以為時代這麼進步了，所謂貞操名節對女人已不再是緊箍咒，但試著反問自己，如果被強暴了，你有勇氣告上法庭和加害人對簿公堂嗎？對大部分女人來說，答案是否定的。過去我國刑法基於尊重受害者的個人意願，所以刑法上妨害風化罪章的犯罪大都規定為告訴乃論罪，但也因此便宜了許多不肖色魔，食髓知味一再犯案，卻樂得逍遙法外。**八十八年修正刑法時，將妨害性自主罪章的犯罪多改採非告訴乃論罪**，只有對配偶犯強制性交、強制猥褻罪及不滿十八歲的人犯對未成年人為性交或猥褻罪採告訴乃論之罪，想藉此提高定罪率，防止歹徒心存僥倖。

解答❹：

訴訟過程的二度傷害，對身心已重度受創的受害者是個最大的惡夢。試想好不容易鼓足勇氣，決定對加害人提出訴訟，卻必須在警方、檢察官、法官反覆追問過程中，不斷回憶、詳述不堪回首的惡夢，而歷經煎熬痛苦說出來的話還可能會遭到質疑，也可能因此曝光，成為人盡皆知的受害者，生活可能好長一段時間受到干擾，更甚者，經歷一連串二度傷害後，加害人還可能因為證據不足獲判無罪，有多少人承受得了這一切不堪？八十六年一月廿二日公布的性侵害犯罪防治法，對避免被害人的二度傷害做了一些規範，例如被害人的代理人在審判中有檢閱文卷證物的權利；訴訟中得有社工員陪同被害人出庭應訊以穩定被害人情緒；可以利用閉錄雙向電視避免受害人與加害人面對面對質；禁止新聞媒體批露被害人姓名或身份等資訊；法院、檢察署、警察機關應設立專人接受專業訓練，專門辦理性侵害犯罪條件；審判時不公開、並禁止加害人或其辯護人對受害人的性經驗提出發問，對被害人所支出的醫療、心理復健、訴訟費用、律師費等予以補助，加強性侵害教育宣導等規定，期能有效遏阻犯罪及避免受害人二度傷害。

附錄：

刑事告訴狀							
案　　號		年度		字		號	
股　　別							
告訴人	○○○						
被　　告	○○○						

為右被告涉嫌觸犯乘機性交案件，謹依法提呈刑事告訴狀事：

一、按告訴人於民國（下同）九十一年五月間擔任○○工作。告訴人與辦公室同事及被告一同外出用餐，用餐完畢後並共同前往台北市○○路○○號之○○ KTV 唱歌至次日（五月十六日）凌晨，此間告訴人因遭同事灌酒，最後不勝酒力而陷於喪失意識之狀態。詎被告竟趁告訴人酒醉失去意識，將告訴人帶往台北○○市○○路之○○賓館內性交得逞，此一事實有被告○○○書立之悔過書（告證一號）可稽。

二、被告趁告訴人酒醉喪失意識之時，將告訴人帶往賓館性交，核被告之所為，已觸犯刑法第二百二十五條第一項之「乘機性交罪」。

三、告訴人爰依法提起告訴，懇請　鈞署鑒核，迅將被告提起公訴，以懲不法，並維法制。

謹　　狀

台灣○○○地方法院檢察署公鑒

告證一號：悔過書影本乙份。

告訴人：○○○

中　華　民　國　　○　○　○　　年　　○　○　○　　月　　○　○　○　　日

三、網交無罪？偷拍有理？

故事內容：

敏悅在一家外商公司擔任高級主管工作，今年三十八歲的她依然是小姑獨處。歲月雖然已在敏悅的臉上約略留下痕跡，但勤於保養的她身材依舊維持的相當好，尤其是一對三十六D的傲人雙峰，更是經常吸引男士們的目光。回想當年敏悅剛從國立大學畢業時，有多少的追求者繞在身邊，其中不乏多金的小開，但是敏悅當時對於愛情都毫不在意，一心只想出國前往更高的學術殿堂深造。等到學成取得博士學位後，敏悅又順利在美國找到工作。幾年專心一意努力於工作下來，讓敏悅無暇也無心成婚，不知不覺就過了適婚年齡，也讓敏悅更加專注於工作。幾年前，敏悅調回台灣擔任高級主管的工作，工作的性質使她較有閑暇時間，相對地也常有空閨寂寞的感覺。敏悅常因為無聊，在晚上上網與網友聊天，三個多月前結識了阿強，兩人經常在網路上一談就是二、三個鐘頭。在愈來愈熟後，兩人談話的內容也愈來愈大膽開放，進而在阿強的慫恿之下，敏悅在電腦上裝設了電子視訊設備，兩人偶而會透過網路視訊玩起虛擬性愛遊戲。久而久之，阿強對敏悅也產生了感情，開始邀約敏悅出來見面，但敏悅始終不答應，誰知阿強竟威脅說為了「報復」敏悅的「無情」，要把當初敏悅在虛擬性愛中的畫面公布在網路上，令敏悅覺得無限恐慌。

問題：

1. 在網路上張貼色情圖片或仲介色情是否有罪？
2. 在網路上做虛擬性愛遊戲是否違法？
3. 未經他人同意，將他人裸照公佈在網路上要負何種法律責任？

蔡律師為妳解答：

解答❶：

隨著電腦網路技術的發展，促成了另一個虛擬世界的出現，人類的生活模式也有了重大的變化。古人所謂「天涯若比鄰」原來只是一句形容詞，但透過現在網路及視訊技術，這已實際存在現代人的生活中。網路及視訊技術的出現造就人類生活無窮的便利，並使資訊的流通到達空前迅速普及的地步，人們不需透過電視台或傳統的傳播媒體，即可將自己關心或有興趣的事情發送到全世界。美國一個小鎮上發生的一件小事，透過網際網路及視訊，即可在幾分鐘內讓全世界的人都知道，此等科技威力之大，由此可見一斑。電腦網路固然成就許多好事，但也衍生出新的犯罪型態。由於網路世界虛擬的性質，僅有網上代號，無須真實接觸，許多不肖之徒利用這點在網路上進行各種的行為，從常見的網路詐財、網路賭博，到在網路上散布各種侵害他人名譽的言論等等，不一而足，警察縱使知悉網路上有這些東西，有時亦礙於科技或使用人頭網址等問題，無法一一加以追究，也就使這類現象更加猖獗。網路色情也是大眾經常討論的問題。衛道者認為容許色情網站存在不僅敗壞社會善良風俗，而且會嚴重影響兒童及青少年身心健全發展，因此主張徹底剷除此類網站。如果就法而言，在網路上張貼色情圖片可能會構成刑法第二百三十五條的散布、播送或販賣猥褻之文字、圖畫、影像或其他物品，或公然陳列，或以他法供人觀覽、聽聞之罪，可處二年以下有期徒刑、拘役、或科或併科三萬元以下罰金；如果影像中的人未滿十八歲而有性交或猥褻行為者，那還會觸犯兒童及少年性交易防制條例第二十八條之罪，可處三年以下有期徒刑，得併科新台幣五百萬元以下罰金。然而，用法律管制在網路上張貼猥褻圖片必然會觸碰到憲法保障言論自由的問題，如果再深入一些，就是探討為什麼要管制色情的問題。

解答❷：

基本上，憲法保障言論自由並不只是保障「社會主流」的觀念與想法的抒發，更重要的是要保障非主流、邊緣、異類等的聲音，通常來說，除非言論有現實急迫的危害（例如：煽動別人犯罪），否則縱使與社會主流意見不同，也不能把社會主流意見當成管制言論的正當理由，要不然社會上將只充斥著所謂的主流意見，無法孕育多元文化。從這個角度出發，用法律管制在網路上張貼色情圖片（兒童及青少年除外）的必要性就有待商榷，因為張貼色情圖片似乎並不存在現實急迫的危害。另外，在網路上刊登所謂「援交」的訊息也是常見的現象，報紙上也常有警方以所謂釣魚的方式，將某些所謂的「援交妹」移送法辦，但事實上，**如果已滿十八歲，自己在網路上公布援交的訊息，並與人進行性交易，頂多只是觸犯社會秩序維護法第八十條第一項第一款「意圖得利與人姦、宿」的規定，並非刑事上的犯罪。**不過如果是在網路上刊登訊息仲介他人性交易（即開設應召站）的話，就會構成刑法第二百三十一條的圖利使人為性交或猥褻罪，以此為常業者可處一年以上七年以下的有期徒刑。

解答❸：

隨著結婚比例的下降，現在曠男怨女的人數也在加快上升中。對許多沒有配偶但又不願輕易與陌生人發生性關係的人來說，在網路上進行所謂虛擬性愛或許也不失為一項抒解情慾的方法。在網路上與特定網友進行一對一的網路虛擬性愛，因為只有特定當事人可得觀賞，與刑法第二百三十四條「意圖供人觀賞，公然為猥褻之行為」規定中的「公然」（即指不特定人或多數人得以共見共聞的狀況）之要件不符，因此並不構成該條之罪。不過**坊間有些不肖業者設立所謂視訊網站，僱請少女以網路視訊的方式，大跳豔舞並裸露身體，則其主持人可能會觸犯兒童及少年性交易防制條例第二十七條、第二十八條拍攝、製造、散布、播送或販賣未滿十八歲者為性交或猥褻行為之物品罪，而裸露之人也可能會觸犯刑法第二百三十四條的公然猥褻罪**。

解答❹：

網路科技是人類有史以來傳播訊息最快最廣的方法，任何公開張貼在網路上的訊息都可以被人接收傳閱，如果有心人用此來損毀他人名節，造成的損害將是難以形容。報上偶見有男友將與前女友的親密照片公布在網路上或是不肖之徒偷拍他人私密性照片後再加以公布，造成被害人往往從此再也難以抬頭面對公眾。未經他人同意，偷拍他人私密活動或將他人的裸照或私密不雅的照片張貼在網路上不僅是一種刑事不法的行為，也是一種民事侵權的行為。**張貼者除了可能觸犯前述刑法第二百三十五條的散布、播送或販賣猥褻之文字、圖畫、影像或其他物品，或公然陳列，或以他法供人觀賞、聽聞之罪或兒童及少年性交易防制條例第二十八條之罪外，偷拍的行為也可能觸犯了刑法第三百十五條的妨害祕密罪，可處三年以下有期徒刑、拘役或三萬元以下罰金。**就民事責任而言，因為張貼他人裸照或不雅之照片是屬於不法侵害他人名譽權的行為，依據民法侵權行為的規定，被害人不僅可以請求財產上的損害，更可以請求精神賠償，並要求加害者為恢復名譽的適當處分。所以要奉勸熱戀中的男女，留下親熱的照片固然是保留美好回憶的好方法，但是如果將來感情變質的話，那些照片可能成為你一生的夢魘，所以除非有把握將來可以確實銷毀，否則在留下「愛的痕跡」前最好還是三思而後行。

小 常 識

※網路張貼色情圖片，會構成刑法第二百三十五條的散布、播送或販賣猥褻之文字、圖畫、影像或其他物品，或公然陳列，或以他法供人觀覽、聽聞之罪，可處二年以下有期徒刑、拘役、或科或併科三萬元以下罰金。

※上網援交，會觸犯社會秩序維護法。

※未經他人同意將裸照或私密照片張貼，會觸犯刑法、兒童及少年性交易防制條例，且屬於民法的侵權行為。

附錄：

刑事附帶民事起訴狀							
案號		年度		字		號	
股別							
原告	○○○						
被告	○○○						

為當事人間刑事附帶民事侵權行為損害賠償事件，謹依法提呈起訴狀事：

訴之聲明

一、被告○○○應給付原告○○○新台幣？元整，及自本起訴狀繕本送達被告之翌日起，至清償日止，按年息百分之五計算之利息。

二、原告願供擔保，請准宣告假執行。

事實及理由

壹、事實經過：

本件被告○○○於民國（下同）○○○年○○月○○日上午十時許，在台北市○○○路○○號（下稱案發地點）騎樓前毆打原告，致原告受有頭部外傷、頭皮撕裂傷（3 × 0.6 × 0.4 公分、3 × 0.4 × 0.4 公分）、下嘴唇撕裂傷（0.8 × 0.6 × 0.4 公司）、前胸壁挫傷等傷害（原證一號），業遭台灣台北地方法院檢察署提起公訴在案（原證二號）。

貳、請求權依據：

按，「因故意或過失，不法侵害他人之權利者，負損害賠償責任」、「不法侵害他人之身體、健康、名譽、自由、信用、隱私、貞操，或不法侵害其他人格法益而情節重大者者，被害人雖非財產上之損害，亦得請求賠償相當之金額。」，民法第一百八十四條第一項前段及第一百九十五條第一項前段分別定有明文。

參、本件原告因被告傷害行為，共受有下列損害，合計新台幣（下同）？元整：

（一）醫藥費：開立診斷證明書？元，門診費用？元。（原證三號）。

（二）工作損失：？。（原證四號）

（三）非財產上損害精神慰撫金？元。原告○○○畢業，從事○○○工作，月薪？元，被告○○○畢業，從事○○○工作，月薪？元，原告因在大庭廣眾遭被告毆打成傷，身心受創甚巨，請求賠償前開金額應屬合理。

肆、本件被告侵害原告之身體，致原告受有前述損害，原告茲謹依前引法條之規定，訴請被告賠償。綜上，懇請
鈞院鑒核，迅賜判決如訴之聲明，以維權益，實感德便。

謹　狀

原證一號：○○○醫院診斷證明書影本乙份。

原證二號：台灣○○法院檢察署起訴書影本乙份。

原證三號：收據影本○張。

原證四號：薪資證明書影本乙張。

台灣○○○地方法院刑事庭公鑒
中華民國　　　年　　　月　　　日
原告　　○○○　簽名蓋章

四、婚前協議書

故事內容：

瑞芸已經三十八歲了，想到自己為了賺錢改善家庭生活環境，大學一畢業就晝夜不分投入保險業，替客人規劃保險，期間也曾遭人白眼，甚至很多親友紛紛走避，深怕要替瑞芸「作業績」，有骨氣的瑞芸以誠心、專業打動陌生客戶，加上一般人對於保險分散風險的觀念漸長，瑞芸終於在保險業闖出一片天地，收入頗豐。瑞芸在工作上對自己越來越有自信，幾年努力下來，瑞芸名下有三間房子，現在每月收入至少有二十萬元，但瑞芸一直有個遺憾，看著弟妹一個個成家、生子，有自己的家庭，瑞芸的不婚主義被動搖了，最近公司新進同仁唐平突然對瑞芸展開猛烈追求，甚至向瑞芸求婚，唐平個性開朗、活潑、孝順又肯上進，算的上是個有為的人，瑞芸有點心動，但是，瑞芸不知道這樣幸福的感覺可以延續多久，周邊的朋友也會提醒瑞芸當心人財兩失，瑞芸不禁陷入苦戰，想到自己年紀已大，要結婚生子恐怕要把握時間，但冒然結婚又擔心將來夫妻為了財產分配演出全武行，所以，瑞芸想在結婚前先和唐平訂好契約，把將來萬一兩人不幸離婚時財產及子女要如何分配約定清楚，將來依約行事比較沒有爭議，只是瑞芸不知道這樣的協議在法律上有效嗎？

問題：

1. 婚前協議離婚後財產及子女監護權歸屬的約定有效嗎？
2. 怎樣可以結婚不結財？約定夫妻財產制要如何辦理？
3. 婚前可以協議什麼在法律上是有效的？

蔡律師為妳解答：

解答❶：

這個問題是很多單身「貴」族所關心的事，尤其現代女性投入職場工作的人日趨增多，晚婚的女性在職場有一定的地位和收入，可預見的將來仍有相當的經濟優勢，因此都會擔心萬一將來離婚了，夫妻的財產問題會剪不斷理還亂，如果可以像外國影星一樣在婚前雙方先立個契約，雙方有個「遊戲」規則可循，那不是很好。

可是，我國民法認為夫妻如果在婚前或婚後，就訂下離婚後財產要怎麼分配，這樣的契約有可能是違反我國民法公共秩序及善良風俗，契約可能會是無效的，因為結婚的目的就是要兩個人長長久久，如果允許事先約定好離婚後財產的分配情形，那可能會造成婚姻中較弱勢的一方被迫締結「不平等條約」，如此一來可是會嚴重影響家庭生活的安定與和諧。

不過，有一個觀念要澄清，**基本上瑞芸婚前財產本來就屬於瑞芸的，唐平無論如何是不可以，也不可能和瑞芸分的**，至於婚後財產的保全，瑞芸如果擔心唐平將來行使夫妻剩餘財產分配請求權，瑞芸其實可以透過與唐平採約定夫妻財產制的方式來保全，杜絕爭議。

解答❷：

民法規定，夫妻如果沒有約定財產制一般是適用法定財產制，在法定財產制中，把夫妻財產劃分為婚前及婚後財產，夫妻各自保有所有權、管理權、使用權及處分權，財產各歸各的，各管各的，互不干涉，但是到了離婚、死亡時會發生清算也就是剩餘財產分配的問題。夫妻為了避免將來無謂的爭議，其實可以約定採用其他夫妻財產制，例如分別財產制，分別財產制的特色是「只結人不結財」，財產各自所有、使用、收益、處分，最能突顯夫妻各自獨立的法律地位，不過這種財產好像把「夫妻本是同林鳥」的感覺完全淹沒了，有點不見容於我國傳統夫妻一體的觀念。

另一種財產制叫做共同財產制，又細分為通常共同財產制及所得共同財產制，通常共同財產制就是把夫妻的所得和財產，除特有財產外，合併為共同財產，屬於夫妻公同共有，一起管理，一起處分，將來離婚或配偶一方死亡時，夫妻共同財產就要平均分配。至於所得共同財產制就是把夫妻在結婚後因勞力所得的財產作為共同財產，由夫妻共有、一起管理、一起使用，其他婚前財產或婚後非勞力所得的財產都適用分別財產制，各自管理、使用、處分。**約定財產制，可以在婚前約定，也可以在婚後約定，但是必須做成書面**，才能確實保障當事人及與夫妻交易第三人的交易安全，還有很重要的一點就是夫妻雙方以書面訂立約定夫妻財產制後，**還要記得到夫妻住所地的法院辦理登記，這樣才能對抗第三人**，如果住所有變更時，還要在住所變更後三個月內到新住所地的管轄法院重新登記。

其實，分別財產制雖然把夫妻財產分得很清楚、明白，但是要在濃情密意結婚時表明只「結人不結財」好像很難啟齒，想要讓夫妻在財產上有點黏，但又不要太黏的關係，筆者建議如果是雙薪家庭，夫妻應按各自薪資比例每月各提撥固定費用匯入共同帳戶供家用，其餘財產各自處理，互不干涉，如果是單薪家庭，則將薪水的一半供家用，另一半由夫妻共享，如此可以避免爭議，還可預防一方不當使用或投資失利時，他方還保有一定資產供家用。還有，不要以為分別財產制對女人一定有利，分別財產制對家庭主婦有時是最不利的，因為家庭主婦所有的貢獻包括操作家務、相夫教子，都是「無給職」，如果先生不拿錢回來給太太，只給太太生活所需，太太名下可就一文錢不值，先生倒是毫無後顧之憂，快速累積資產，此時若採取分別財產制，太太在離婚時可無法分到先生名下半毛錢，您說吃不吃虧。

解答③：

婚前協議離婚後財產分配以及子女監護權歸屬的問題可能會面臨違反公共秩序及善良風俗的窘境，不過如果**婚前協議書是約定結婚後夫妻要不要冠對方姓氏、子女要跟父或母姓、夫妻要住哪裡、家務要如何分工、家務的對價是多少**（例如拖一坪地價值多少）**、家庭食衣住行育樂以及醫療等生活費用要如何負擔、夫要給妻**（或妻要給夫）**多少私房錢（自由處分金）等，這些約定可都是合法有效的**，將來如果對方不履行或雙方有爭議時，這些婚前協議可以作為訴訟證據或訴請對方履行的依據。

附錄：

現代婦女基金會受暴婦女訴訟扶助委員會製作之「婚前協議書」範本

係　　省　　人　　歲　　年　月　　日　時生
係　　省　　人　　歲　　年　月　　日　時生

茲因立約人＿＿＿＿＿、＿＿＿＿＿情投意合，爰訂於　　年　　月　　日在　　　舉行公開儀式，在二人以上之見證下，締結良緣，並本於互信、互敬、互愛、互諒及共創和諧家庭、美滿婚姻之共識下，互為下列約定：

一、夫妻冠姓

立約人同意婚後　□保有本姓
□夫冠以妻之姓
□妻冠以夫之姓

二、夫妻住所

立約人同意婚後之夫妻住所地為
，如日後有變更住所之必要時，雙方願本於平等原則，另行協議。

三、夫妻財產制

立約人同意婚後之夫妻財產制為：

□法定財產制，由夫妻各自管理、使用、收益、處分自己財產

□約定財產制：

□分別財產制，結人不結財。

□一般共同財產制、財產管理權由　　　　任之。

□所得共同財產制、財產管理權由　　　　任之。

立約人並同意於婚後就約定財產制前往管轄法院登記處辦理登記，以產生對抗第三人之效力。

四、家務分工

夫負擔：　　　　　　　　　　　妻負擔：

(1)採買日常用品、(2)煮飯、(3)洗碗、(4)倒垃圾　、(5)清

潔、整理家務、(6)房屋之修繕、(7)餵乳、(8)換尿布、(9)接送子女上下學、(10)其他______________________

※夫妻應互相協助他方之家務工作

五、家庭生活費

立約人同意婚後因日常生活中食、衣、住、行、育、樂、醫療所生費用及子女扶養費由：

□夫負擔全部

□妻負擔全部

□夫妻雙方各分擔二分之一。

□夫妻雙方依經濟能力及家事勞務狀況比例分擔，夫負擔，____妻負擔____。

其他：

前開款項應於每月五日前直接匯入______銀行，帳號________________。

每月每人之家庭費用不得低於當地平均國民消費支出或新台幣　　元（每年按物價指數調整）。

如因任一方婚後經濟狀況顯著變更者，得另行協議。

六、自由處分金（零用金）

立約人同意婚後扣除前開家庭生活費後，由：

□夫每月提供新台幣　　　　　　　　元供妻自由處分。

□妻每月提供新台幣　　　　　　　　元供夫自由處分。

如因任一方婚後經濟狀況顯著變更者，得按比例增減自由處分金，並得另行協議。

前開款項每月五日前直接匯入______銀行，帳號______________

七、子女姓氏

因妻無兄弟，故立約人同意婚後子女從

□父姓

□母姓

八、立約人承諾婚後所生子女權利義務之行使及負擔由雙方共同任之，雙方同意遵守下列之行為：

（一）不得不當體罰、虐待、傷害或操控子女
（二）保證提供子女健全穩定之生活環境
（三）不得唆使子女從事危害健康、危險性工作或欺騙
（四）不得遺棄子女
（五）不得供應子女觀看、閱讀、聽聞或使用有礙身心之電影片、錄影節目帶、照片、出版品、器物或設施
（六）不得剝奪或妨礙子女接受國民教育之機會或非法移送兒童至國外就學
（七）不得強迫、引誘、容留、容認、或媒介子女為猥褻行為或姦淫
（八）不得供應子女毒藥、毒品、麻醉藥品、刀械、槍砲、彈藥或其他危險物品
（九）不得利用子女攝製猥褻或暴力之影片、圖片
（十）不得帶領或誘使子女進入有礙其身心健康之場所
（十一）不得為其他對子女或利用子女犯罪或為不正當之行為

如夫妻對子女權利義務之行使及負擔有不一致之情形，願本於子女最大利益原則協議之。

九、立約人承諾婚後互負貞操、忠誠義務，絕對不發生家庭暴力，如有一方違反者，應給付他方精神上損害新台幣　　　　　元。

十、特約事項：

□戒除不良習慣：酗酒、吸毒、賭博……

□其他：＿＿＿＿＿＿＿＿＿＿＿＿＿＿＿＿

主婚人

結婚人

證婚人

介紹人

中　華　民　國　　　　年　　　　月　　　　日

婚姻家庭

Matrimony

- 先生主卡債務身為附卡持有人的太太要負責嗎？
- 面對家庭暴力要如何蒐證？
- 我要去抓姦嗎？怎樣才能構成通姦？
- 觸犯妨害家庭罪的人將來可以結婚嗎？
- 離婚要什麼理由？分居幾年可以離婚？
- 拒絕性生活可以請求離婚嗎？

一、先生的債我要還嗎？

故事內容：

筱芬嫁給小順十多年了，筱芬婚後在小順威脅利誘下辭去幼稚園老師的工作，安分的作家庭主婦，小順對筱芬也算不錯，辦了一張信用卡附卡給筱芬，平常信用卡帳單都是小順付款，小順也不會計較或介意筱芬刷卡項目，當然筱芬也是有分寸，畢竟有二個孩子要養，筱芬不敢買太多奢侈品，就這樣兩個人省吃儉用，三年前在內湖買了一間房子，價值新台幣一千二百萬元，房子登記在小順名下，因為夫妻倆現金不夠，小順要向銀行貸款新台幣五百萬元，筱芬被要求去銀行作保，筱芬心想反正夫妻是一體的，本來就應該有福同享，有責任共擔，加上想到自己終於要脫離無殼蝸牛的行列，筱芬更覺得興奮，因此，沒有想太多就到銀行去對保。去年小順和朋友到大陸探查市場，想要自行創業，豈知還沒開始創業小順就開始留戀大陸紙醉金迷的應酬生態，三天兩頭就去大陸，刷卡買機票、付酒店費用、百貨公司購物等異常消費都出現了，更荒謬的是小順竟然還向銀行貸款，最近小順開始出現繳息不正常的情形，筱芬擔心再這樣下去早晚有一天小順一定會破產的。小順在外欠的債務和筱芬有關係嗎？小順的卡債身為附卡持有人的筱芬要還嗎？筱芬可以不要當小順的連帶保證人嗎？這一連串的問題正困擾著筱芬。

問題：

1. 先生債務太太要還嗎？面臨討債公司要債家人又該如何處理？
2. 先生主卡債務身為附卡持有人的太太要負責嗎？
3. 太太可以隨時不當先生的連帶保證人嗎？

蔡律師為妳解答：

解答❶：

我國很少有夫妻約定夫妻財產制，因此大多數夫妻都適用法定夫妻財產制，法定財產制是以夫妻分別其財產為原則，原則上夫妻對各自在結婚前或結婚後所有之財產各自所有，可以自由處分、收益、使用，當然夫妻各自所負的債務是各自負責清償，不必擔心夫債妻要還，或妻債夫要還的問題。很多民眾不知道夫妻財產和債務都是分開的，誤以為夫債妻要還或妻債夫要還，討債公司或銀行的委外催收單位也常常利用民眾這個錯誤的觀念進行催討，例如明明是先生欠債，催討公司卻發函給太太表示某年某月要查封拍賣太太名下的不動產，或者到先生住所搬走值錢的東西（例如冰箱、電視、冷氣等），太太不明究理，以為自己真的需要替先生還債，趕緊和討債公司協商還款事宜，甚至代為還款，討債公司以這種嚇唬民眾收債的方式時有所聞，讀者千萬不要上當。

其實，**面臨討債公司的要債，相關親屬應該採取避不見面、不予回應的方式，或清楚告知討債公司人員不可能替債務人還債的決心**，如果討債公司有恐嚇、妨害自由、傷害、毀損等不法行為，家屬應該儘速報警處理，這樣才可能順利趕走討債公司喔。

最後要提醒讀者注意的是繼承問題，夫妻都活著的時候不會有夫債妻還或妻債夫還的問題，但是一旦夫妻一方發生死亡時，就會發生繼承問題，例如先生死亡前積欠銀行借款，死亡時妻子如果不去法院辦理拋棄繼承或限定繼承，那妻子成為先生的繼承人後，依法可是會繼承先生的負債，必須要負責清償先生生前所積欠的債務喔。

解答❷：

一般民眾大概都清楚信用卡正卡持有人要負責清償附卡持有人使用信用卡所生的帳款，但是，對於附卡持有人要負責清償正卡持有人使用信用卡所生帳款一事，大概都會覺得不可思議，附卡最常用在夫妻、父母與子女之間，通常都是經濟上弱勢的人才會成為附卡持有人（例如家庭主婦、學生），依照過去財政部公布的「信用卡定型化契約」第三條的規定：「正卡持卡人或附卡持卡人就各別使用信用卡所生應付帳款互負連帶清償責任」。但是，民國九十三年台北地方法院做出一項判決，案中主角是一對離婚夫婦，丈夫持的是正卡，太太持附卡，丈夫揮霍無度，欠下大筆卡費，銀行要求太太繳付先生所積欠之卡費，法院以「發卡銀行以定型化契約把信用卡契約結合保證或連帶清償條款，顯然在消費者預期之外，而且契約中沒有特別在字體、大小上強調該條文，消費者容易忽視」為由，判決附卡持有人毋須為正卡持有人負擔債務。

九十三年消保會開會決議，認為今後附卡持有人將不必負擔正卡持有人不履行的債務。不過，消保會的決議並沒有法律效力，地方法院的判決是否會被高等法院接受也是個未知數，就筆者所知，目前為止（94‧03‧21）銀行仍持續要求附卡持有人要附正卡人持有人使用信用卡之帳款，因此，如果正卡持卡人的經濟狀況及刷卡出現異常，附卡持有人應該立即向銀行終止附卡使用權，還有提醒夫妻正附卡負連帶清償責任並不會因離婚而解除，所以若夫妻離婚後，不願再為對方負正附卡的連帶清償責任時，則應立即向銀行表明終止附卡使用權。

解答❸：

「房事」是家庭大事，從什麼時候買房子？買什麼地區房子？房價多少？買誰的名字？向哪家銀行貸款利息最低？貸多少？分幾期攤還？這些可都是學問，公平一點的作法是把房子登記為夫妻共有，每人持分各二分之一，誰也不吃虧，自私一點的作法當然是登記在自己名下囉。最笨的作法莫過於房子登記在對方名下，自己擔任房屋貸款的連帶保證人，權利歸對方，義務全攬在自己身上。

夫妻濃情密意的時候真的很難去分彼此，尤其是女人天生對數字不夠靈敏，懶得理財，索性把財產通通交由男人處理，遇到先生是良人倒好，家庭財富累積快，夫妻有福同享；但是如果遇到壞人，你可是會欲哭無淚。常常有妻子擔任先生貸款（房貸或信貸）的連帶保證人，跟著先生到銀行隨便「劃押」，對自己到底要負擔多少連帶保證的額度也不清楚，一直到東窗事發，法院查封，調閱相關契約書才發現自己背負數額龐大的連帶保證債務，包括先生在銀行積欠之消費性借貸、信用卡債務、違約金、利息等，這時想要脫身可是很困難的，就算離婚也沒有用，因為您負債的原因可不是基於太太的身分而發生，而是基於保證人的責任。所以，如果你現在已經是連帶保證人，就連續發生的債務為保證而沒有定期限時，建議您馬上發存證信函通知銀行終止保證契約，不再擔任先生的連帶保證人，這樣您所保證的債務起碼只須負擔到發函日止先生在銀行所積欠的債務本息，不會再繼續增加負擔。

附錄：

夫妻財產制契約登記聲請書

<table>
<tr><td>登記類別</td><td colspan="8">夫妻財產制契約　　　　　登記</td></tr>
<tr><td rowspan="2">稱謂</td><td rowspan="2">姓　　名</td><td colspan="3">出生日期</td><td rowspan="2">職　業</td><td rowspan="2" colspan="3">住　　居　　所</td></tr>
<tr><td>年</td><td>月</td><td>日</td></tr>
<tr><td>夫</td><td></td><td></td><td></td><td></td><td></td><td colspan="3"></td></tr>
<tr><td>妻</td><td></td><td></td><td></td><td></td><td></td><td colspan="3"></td></tr>
<tr><td colspan="2">結婚年月日及地點</td><td colspan="7">中華民國　　年　　月　　日在　　縣(市)結婚</td></tr>
<tr><td rowspan="9">聲請登記事項</td><td colspan="2">夫妻約定財產制種類</td><td colspan="6"></td></tr>
<tr><td colspan="2">關於特有財產之約定及其價值</td><td colspan="6"></td></tr>
<tr><td colspan="2">採共同財產制者其契約約定之內容
採共同財產制，約定由夫妻之一方管理共同財產者，其財產管理權之約定</td><td colspan="6"></td></tr>
<tr><td rowspan="2">變更登記</td><td>原登記之約定財產制</td><td>原登記號數</td><td>變更後之財產制</td><td>訂立變更年月日</td><td colspan="2">備　註</td></tr>
<tr><td></td><td></td><td></td><td></td><td colspan="2"></td></tr>
<tr><td rowspan="2">廢止登記</td><td>原登記之約定財產制</td><td>原登記號數</td><td>訂立廢止契約之年月日</td><td colspan="3">備　註</td></tr>
<tr><td></td><td></td><td></td><td colspan="3"></td></tr>
<tr><td>其他</td><td></td><td></td><td></td><td colspan="3"></td></tr>
</table>

<table>
<tr><td rowspan="4">附具文件</td><td colspan="2">名　稱</td><td>件數</td><td colspan="2">名　稱</td><td>件數</td><td colspan="2">名　稱</td><td>件數</td></tr>
<tr><td></td><td>妻財產制契約書</td><td></td><td></td><td>特有財產目錄</td><td></td><td></td><td>財產清冊</td><td></td></tr>
<tr><td></td><td>印鑑或簽名式</td><td></td><td></td><td>聲請人身分證明</td><td></td><td></td><td>土地或房屋所有權狀影本</td><td></td></tr>
<tr><td></td><td></td><td></td><td></td><td>委任書</td><td></td><td></td><td>法定代理人同意書</td><td></td></tr>
</table>

中華民國　　年　　月　　日

此　致

臺灣　　地方法院登記處

聲請人　夫

妻　　　　（簽名蓋章）

說明：一、登記類別欄應載明「訂約」「變更」「廢止」「重為登記」等類別。

二、附具文件欄應於提出之文件名稱上空格內作「∨」記號，並載明件數。

三、未載明之空欄及空白務須劃線刪除。

四、當事人為禁治產人或未成年人者，應加具法定代理人同意之證明文件。

五、聲請登記委由代理人為之者，應附具委任書。

夫妻分別財產制契約書

立夫妻財產分別制契約人夫＿＿＿＿、妻＿＿＿＿今經雙方同意，選擇分別財產制，訂立契約如下：

第壹條：夫妻財產制契約之訂立、變更、或廢止，應以書面為之。

第貳條：夫妻各保有其財產之所有權、各自管理、使用、收益及處分。

第參條：夫妻各自對其債務負清償之責。
夫妻之一方以自己財產清償他方之債務時，雖於婚姻關係存續中，亦得請求償還。

第肆條：夫妻財產分別制契約之登記，對於登記前夫或妻所負債務之債權人，不生效力，亦不影響依其他法律所為財產權登記之效力。

第伍條：雙方財產如所附目錄所載。

第陸條：本契約經法院登記後，雙方各取得之財產分別屬夫妻各別所有。

訂約人：夫

身分證號碼：

住　　址：

妻

身分證號碼：

住　　址：

電話號碼：

中　華　民　國　　　　年　　　　月　　　　日

財　產　清　冊　　　　　聲請人　　　　　蓋章

土地標示

土地坐落			地號	地目	等則等級	面積			權利範圍	所有權人
鄉鎮市區	段	小段				公頃	公畝	平方公尺		

登記聲請書

標示				
權利人所有建物面積（平方公尺）	地　面　層			
	二　　　層			
	三　　　層			
	騎　　　樓			
	露、花、陽台			
	合　　　計			
建築完成日期				
權利範圍				
所有權人				

夫妻財產制契約

建				
建號				
建物門牌	鄉鎮市區			
	路街			
	段巷弄			
	號號			
基地坐落	段			
	小段			
	地號			
主要用途				
建築式樣				
平房或樓房及層數				
主要建築材料				
權利人所有附屬建物	用途			
	主要建築材料			
	面積（平方公尺）			

二、離我遠一點

故事內容：

美華是個家庭主婦，平常要帶三個小孩，還要操作家務，沒有經濟能力，家中經濟大權全部掌握在先生小榮手中，小榮每有不愉快，就會對美華和三個對孩子拳腳相向。美華為了三個小孩，再三隱忍，因為美華擔心自己經濟狀況不好，離婚後爭取不到三個孩子的監護權，萬一把小孩交給小榮，三個孩子的日子一定很難熬，身心安全沒有保障，因此美華一直身陷婚姻苦海，就這樣苦撐三年，後來因為小榮外遇，急著和第三者雙宿雙飛，因此同意無條件跟美華離婚，還把三個孩子給美華，離婚後美華雖然得辛苦賺錢養育小孩，但是母子四人可以安穩過生活，不用擔心小榮的暴力相待，日子反而輕鬆、快樂許多。後來美華與阿泰交往，阿泰對三個孩子很好，視如己出。豈知，這時小榮因為遭第三者拋棄，竟回頭想找美華復合，美華不願意，小榮認為是阿泰從中作梗，心生不滿，就頻頻以電話恐嚇美華、阿泰及美華的父母，或到美華娘家樓下大呼小叫，口出惡言羞辱美華「討客兄」，甚至帶一只瓶子到美華家揚言要潑硫酸、潑汽油、引爆瓦斯同歸於盡。美華、阿泰和美華的父母可以向法院聲請保護令來保障自己的生命安全嗎？還有聽說聲請保護令要很久的時間，是真的嗎？

問題：

1. 什麼人可以請求法院核發保護令嗎？
2. 保護令的種類有哪些？

蔡律師為妳解答：

解答❶：

目前我國有關保護令的規定，只有在家庭暴力防治法。顧名思義，家庭暴力防治法所保護的範圍一定是限於「家庭成員」間實施身體上或精神上的不法侵害。但是，這裏所謂的家庭成員和一般人所認知的家庭成員範圍不相同，家庭暴力防治法第三條的規定擴大了一般民眾所認知家庭成員的範圍，使得更多人可以受到家庭暴力防治法的保護，茲就家庭暴力防治法中「**家庭成員**」定義詳細說明如下：

(1)**配偶或前配偶及其未成年子女**：不只是現任配偶，只要曾有配偶關係，縱使早已離婚，仍在家庭暴力防治法保護範圍內。

(2)**現為或曾為事實上夫妻關係，家長、家屬或家屬間關係及其未成年子女**：這裏所謂「事實上之夫妻關係」就是指同居人而言，至於如何才構成「事實上夫妻關係」，司法院有提供幾項標準供法院參酌，例如雙方共同生活的時間長、短與動機；性生活的次數與頻率；有無共同子女；彼此間互動關係；及其他一切足以使人認為有夫妻生活的事實。

(3)**現為或曾為直系血親或直系姻親及其未成年子女**：什麼叫做直系血親？直系血親就是指「己身所從出或從己身所出之血親」，例如（外）曾父母、（外）祖父母、父母、子女、（外）孫子女、（外）曾孫子女等都叫直系血親，要注意的是繼父母與子女關係、妻與夫準婚生子女的關係或夫與妻準婚生子女的關係則因彼此間無血統關係僅為直系姻親不是直系血親。另我國民法認為姻親範圍有三種就是「血親之配偶」、「配偶之血親」、「配偶之血親之配偶」。事實上，血親之配偶，與配偶之血親實為同一類型的姻親關系，僅因觀察面不同而異其稱呼，例如岳父母與女婿，由女婿來看，岳父母是「配偶的血親」，由岳父母來看，女婿則是「血親的配偶」。而所謂配偶之血親之配偶，則係指「連襟」、「妯娌」等。

(4)**現為或曾為四親等內之旁系血親或旁系姻親及其未成年子女**：那什麼叫旁系血親?旁系血親是指非直系血親，但和自己源出同一血脈（就是有相同祖先的意思），例如兄弟姊妹、表兄弟姊妹、叔伯、阿姨、舅舅等。至於親等的計算方式，直系血親以一世為一親等，例如曾祖父與自己是三親等直系血親、祖父母與自己則為二親等、父母與自己為一親等直系血親。而旁系血親則從自己數至同源之直系血親，再由該同源之直系血親數至所指之親屬，以其總世代數為親等數，例如自己與堂兄的親等為四親等旁系血親。至於姻親是因婚姻而發生親屬關係，本身無血統之聯絡，當然不能直接用血親的親等來計算，而是必須把自己置於自己配偶的地位來計算親屬及親等，例如自己與媳婦就是一親等直系姻親。

案例中的阿泰雖然和美華交往，但是阿泰與小榮間並沒有上面所謂的「家庭成員」關係，所以阿泰無法依家庭暴力防治法聲請保護令，而美華及其父母曾為小榮的配偶及直系姻親，小榮對他們為恐嚇之行為，自屬精神上的不法侵害，美華及父母當然可聲請保護令來保護自己。

解答❷：

我國家庭暴力防治法中關於**保護令的類別分成三種，就是通常保護令、暫時保護令還有緊急保護令**，三種保護令在內容、審理過程、時效、申請方式及申請人等都有差別：

(1)緊急保護令：緊急保護令必須在被害人有家庭暴力的急迫危險時才可以申請。這裡所謂的「急迫危險」是指：

a. 加害人的暴力行為已經對被害人造成身體或精神上的重大侵害，例潑硫酸、拿菜刀追砍等

b. 當事人間衝突沒有緩和跡象，如果不立即隔離，受害人或其他家庭成員會再度遭受生命、身體或自由受傷害之危險，例如追打到警局或醫院

c. 加害人有長期連續施暴於被害人，且有酗酒、濫用藥品的習慣

d. 加害人利用器械或其他危險物品侵害被害人，被害人有再度受侵害之虞

e. 加害人曾以言詞、文字或其他方法恐嚇被害人不得報警或尋求協助

f. 受害人是十二歲以下兒童或六十五歲以上的老人或殘障者，沒有能力保護自身安全，

容易再度成為被害的對象。

緊急保護令必須由檢察官、警察機關或縣、市主管機關才可以提出申請，一般受害人是無法提出申請，而且不必要以書面申請，可以用言詞、電話傳真或其他科技設備傳送的方法聲請，也可以在夜間或休息日申請，法院必須在四個小時內決定是否核發保護令，才能以最快速的方式，使受害人免於遭受急迫的危險。

(2)通常保護令及暫時保護令：一般人只要遭受家庭暴力，就可以聲請通常保護令和暫時保護令，而且不只檢察官、警察局、主管機關可以聲請，受害人自己也可以申請保護令，保障自身安全，現在在各法院服務處都備有保護令例稿（參附表），一般民眾只需以勾選、簡單填空之方式，就可以完成保護令的申請狀。通常保護令的保護內容最完整，但因必須開庭審理，核發保護令所需耗費的時間較久，但是保護令的有效期間也較久（至多一年），暫時保護令則可以不用經過開庭審理的程序，法官以書面審理認為符合聲請保護令的要件後，就會發出，可以比較快拿到，但暫時保護令的有效期間較短，在法院核發或駁回通常保護令的聲請後就失效了。

需注意的是聲請人在聲請暫時保護令經法院准許核發，就視已有通常保護令的申請，當事人不需要再重複申請，就可以進入通常保護令的審理程序了，而且保護令一經核發就有效力，就算對方抗告也不能阻止保護令的效力。案例中的美華受到前夫恐嚇，而前夫又持不明物體揚言同歸於盡，若美華蒐集受暴證據，證明自己有急迫危險，美華可報警請警察到現場處理，請求檢察官、警察機關、縣、市主管機關代為申請緊急保護令，只要四個小時，美華就可以拿到緊急保護令。

附錄：

離　婚　協　議　書

立協議書人　○○○（以下稱男方）
　　　　　　○○○（以下稱女方）　；茲就離婚事宜，

壹、雙方因個性不合，無法繼續共同生活，男、女雙方願協議離婚，並達成以下之約定：

貳、未成年子女之權利義務行使與負擔

一、監護權部分

自即日起至雙方所生之子女○○○（出生年月日：民國○○年○○月○○○日，身份證字號：○○○）成年為止，其權利、義務之行使及負擔，由○方任之。

二、探視權部分

1.○方得於每個月第一個星期、第三個星期星期　午　時直接至○方住所接○○○外出探視，並於星期　晚間　時前送○○○回女方住所。

2.寒、暑假期間，○方得與○○○有較長之探視期間，暑假為　日，寒假（扣除農曆春假）為　日，確定日期由○方應於探視前七日通知○女方。

3.農曆春假　　　　　　　　　　　。

三、子女扶養費部分

1.自即日起至○○○年滿○○○歲為止，男女雙方同意，○○○之生活教育費用由○○○負擔。

2.○方應按月於每月○日前給付○方新台幣○○○元整之子女扶養費用，前開金額直接匯入下列銀行帳戶：○○○銀行○○○分行，戶名：○○○帳號○○○。一次遲延或未給付，未到期部分視為全部到期，○○○方應一次付清所有費用。

貳、夫妻財產之處理

一、○方應給付○方新台幣（以下同）○○○元整，於簽訂本協議書當日給付予○方○○○元，餘○○○元分○期給付，每○月（或年）一期，每期給付○○○

元，一期不付或逾付視為全部到期，為擔保前開債務之履行，○方應於簽訂本協議書之日開立本票○紙予○方，面額為○○○元，○方於○方依約清償債務時應將本票交還○方，倘○方未依約清償債務，○方得直接行使票據權利。

二、除本協議書另有約定外，各自名下財產歸各自所有，債務亦各自負擔，雙方同意互相拋棄對對方之夫妻剩餘財產分配請求權，暨其他一切財產上之損害賠償請求權。

參、其他約定事項（如住所之遷移…等）

____

肆、雙方合意由台灣○○地方法院為第一審管轄法院。

伍、本離婚協議書於男女雙方及證人簽章當日，雙方應協同至戶政機關辦理登記後，始正式生效，嗣後男婚女嫁各不相干，合立協議書乙式三份為據。

立協議書人　男　　方：

出生年月日：民國　　年　　月　　日

身份證字號：

戶　籍　地：

女　　方：

出生年月日：民國　　年　　月　　日

身份證字號：

戶　籍　地：

證　　人　姓　　名：

出生年月日：民國　　年　　月　　日

身份證字號：

戶　籍　地：

姓　　名：

出生年月日：民國　　年　　月　　日

身份證字號：

戶　籍　地：

中　華　民　國　　年　　月　　日

三、面對家暴！保護令的內容有哪些？

故事內容：

春嬌本來是個美髮師，婚後丈夫志明要春嬌在家帶小孩，不要出去工作，春嬌樂得當專職家庭主婦，而且志明也都按時拿錢回家。可是，志明脾氣較暴燥，不高興就會對春嬌及孩子拳打腳踢，而且，志明是個大醋桶，只要春嬌在路上和鄰居打招呼或衣著較正式、時髦，回家志明就會以刻薄的言詞咒罵春嬌「賤人」、「討客兄」，甚至剪破春嬌的衣物，打春嬌耳光，限制春嬌外出，還揚言要把春嬌毀容。有一天春嬌在市場買菜，菜販多送了春嬌一些青菜，志明竟因此醋意中生，把春嬌打了一頓，還辱罵春嬌不守婦道、賤等不堪入耳的話，春嬌忍無可忍，一氣之下到醫院驗傷，並持驗傷單到法院對志明提出傷害告訴，豈知警察訊問的時候，狡滑的志明矢口否認案發當日有傷害春嬌，還說有朋友可以作證證明案發當時志明是跟他們一起徹夜飲酒作樂並未返家，不可能毆打春嬌等等，春嬌在想，志明這樣的說詞法院會接受嗎？如果會，在遭受到家庭暴力後，究竟要怎樣蒐集證據才可以使加害人無所遁形，乖乖接受法律制裁呢？還有春嬌婚後就沒有工作，現在住的房子在先生名下，春嬌如果向法院申請保護要求志明遠離春嬌及孩子，那春嬌和孩子要住哪？可不可以請求志明付孩子的生活費？

問題：

1. 面對家庭暴力要如何蒐證？
2. 保護令的內容有哪些？

蔡律師為妳解答：

解答❶：

一般人都會認為被打只要有驗傷單就可以把對方繩之以法，其實並不然，因為驗傷單只能證明受害人身上有傷勢，但無法證明傷勢是如何造成的，加害人往往循此漏洞脫罪，因此在遭逢家庭暴力後，受害人應注意以下證據的搜集：

(1)**驗傷、照相**：受害人在遭逢家庭暴力後，一定要到醫院驗傷，且必須清楚告訴醫護人員被何人？在何地？以何物（手或棍子）攻擊，且不管傷勢大小都要請醫生註明，另外因為有些傷勢的瘀腫現象幾日後反而會更加嚴重，此時受害人應該再去同一家醫院再驗乙次，才能完整記錄受害人受傷情形。另外，由於醫院驗傷單上只有以簡單文字敘述傷口的大小（例如幾公分×幾公分）或受傷樣態（例如紅腫或瘀傷），往往無法讓檢察官或法官實際感受到受害人傷勢的嚴重性，因此受害人可以透過拍照存證的方式，讓裁判者很清楚明白受害人受害的情形，喚起法官的同情心，爭取訴訟時的優勢。

(2)**證明傷勢是加害人所造成**：在家庭暴力案件中，要證明傷勢是加害人所造成並非容易的事，因為一般來說家庭暴力大多發生在深夜和住家內，外人不太可能發現或親耳見聞（當場目擊）受害人受害經過，但家中若有小孩目擊家暴情形，也可以傳小孩出庭做證，一般來說法院對十二歲以上孩童的證詞大多會予以採信，但是如果目睹父母親發生爭執經過是低於七歲的幼童，法院對於幼齡幼童的證述都持保留態度，因為這樣年紀小孩的情緒及記憶很容易受大人的影響。

所以，為避免沒有目擊證人的情形，受害人在受到家暴後應該儘可能讓周遭親友知悉受害情形，這些人雖未親眼目睹受害人受害情形，但起碼這些人在案發後馬上由受害人口中知悉受暴經過，還是可以成為間接證人，加強證據。另外受害人在受侵害當時，應該大喊「救命」或「不要打我」等話，並立刻報警處理，一方面鄰居聽到受害人叫救命，可能會報警處理，為受害人尋求協助，阻止悲劇發生，另一方面可以讓鄰居耳聞案發當時受害人確時在住家中受到侵害的經過，將來可以透過鄰居證詞將加害人繩之以法。

但是，不可諱言的是，現今社會大多數的人都抱著「自掃門前雪，莫管他人身上霜」的心態，鄰居為避免得罪人或惹麻煩都不願出庭做證。為睦鄰誼，受害人也不方便勉強鄰人出庭做證，因此，加害人就必須在受害後，再以電話或現場錄音方式與加害人或當時在場的加害人親友聯繫，技巧性地使加害人或其親友承認或敘述案發當時加害人施暴的過程，也可以當做訴訟上的有利證據。除了錄音帶當作證據外，加害人的悔過書、日記、便條紙等若有詳述傷害的時間、對象、情形，也都可以成為訴訟上證明加害人施暴的證據。

解答❷：

很多婦女年輕時為了子女及家庭，放棄工作，在家相夫教子，漸漸與社會脫節，等到孩子長大了，要再想重返職場與人競爭，非常困難，如果此時丈夫掌握家中經濟大權，妻子在經濟上毫無能力，就只能逆來順受，任人宰割。但是，自從家庭暴力防治法實施後，這樣的情形可以透過向法院聲請保護令而獲得改善，因為家庭暴力防治法規定，受害人聲請通常保護令時，除了可以要求禁止加害人對被害人或其家庭成員進行家庭暴力；或禁止加害人對被害人為騷擾、通話、通信、或其他非必要之聯絡行為外，尚包括：

(1)定加害人遷出被害人的住居所，不管該住居所的所有權人或承租人是不是加害人或受害人，必要時還可以禁止加害人就該不動產為處分行為（買賣）或為其他的假處分。

(2)定加害人遠離被害人的住居所、學校、工作場所或其他被害人或其特定家庭成員經常出入的特定場所。

(3)定平時家中汽、機車及其他個人生活上、職業上或教育上必需物品之使用權，必要時可以命加害人交付。

(4)定暫時對未成年子女權利義務行使或負擔（俗稱監護權）由受害人之一方或雙方共同任之，行使或負擔之內容及方法，必要時並可以命令交付子女。

(5)定加害人對未成年子女會面交往方式，必要時可以禁止會面交往。

(6)定加害人給付被害人住居所之租金或被害人及其未成年子女的扶養費。

(7)定加害人交付被害人或特定家庭成員的醫療、輔導、庇護所或財物損害等費用。

(8)定加害人完成加害人處遇計畫、戒癮治療、精神治療、心理輔導或其他治療輔導。

(9)定加害人負擔相當之律師費。

(10)定其他保護被害人及其特定家庭成員的必要命令。

案例中的春嬌可以向法院申請禁止先生再傷害自己及小孩，並請求先生遷出現住居所、遠離春嬌現住居所及孩子學校，並請求小孩暫由春嬌監護，春嬌的先生每月要負擔春嬌及小孩部分的生活、教育費，如此一來，春嬌和小孩就可以在經濟無虞的情形下逃離先生的暴力夢魘。

附錄：

民事通常保護令聲請書狀		
聲請人（即）		設（住）
法定代理人		住
代　理　人		住
被　害　人		□男、□女　住 送達處所： 聯絡電話：
相　對　人		□男、□女　住

為聲請民事通常保護令事：

聲請意旨

聲請對相對人核發下列內容之通常保護令（請勾選符合您所欲聲請之保護令內容）：

□相對人不得對下列之人實施身體或精神上不法侵害之行為：□被害人：□被害人子女（姓名）＿＿＿＿＿＿＿。□被害人其他家庭成員（姓名）＿＿＿＿＿＿＿。

□相對人不得直接或間接對於被害人為下列聯絡行為：□騷擾；□通話；□通信；□其他　＿＿＿＿＿。

□相對人應在＿＿十＿＿年＿＿月＿＿日前遷出被害人之下列住居所：＿＿＿＿＿＿＿＿＿＿＿＿＿＿＿＿，將全部鑰匙交付被害人。□相對人不得就上開不動產（包括建物及其座落土地）為任何處分行為；亦不得為下列有礙於被害人使用該不動產之行為：□出租；□出借；□設定負擔；□其他：＿＿＿＿＿＿＿＿＿＿＿＿＿＿＿＿＿＿

□相對人應最少遠離下列場所至少______公尺：

□被害人住居所（地址：　　　　　　　　　　　　　　　　）；

□被害人學校（地址：　　　　　　　　　　　　　　　　）；

□被害人工作場所（地址：　　　　　　　　　　　　　　　）；

□其他被害人或其特定家庭成員經常出入之場所及其地址：

____。

□相對人應遠離下列區域：____縣（市）____鄉鎮市____以東____以西____以南____以北。□____鄰里。□其他______。

□下列物品之使用權歸被害人：□汽車（車號：__________________）；□機車（車號：______________________）；

□其他物品　　　　　　　　　　　　　　　　。

□相對人應於　十　年　　月　　日　　　時前，在

　　　　　　將上開物品連同相關證件、鑰匙等交付被害人。

□下列未成年子女權利義務之行使或負擔，由□被害人□相對人□被害人及相對人共同，以下述方式任之：未成年子女姓名、性別、出生年月日、權利義務行使負擔之內容及方法：____

□相對人應於九十__年____月____日前將子女___________交付被害人。

□相對人得以下列方式與前開未成年子女會面交往：______

____

□相對人不得與前開未成年子女為任何會面交往。

□相對人應按月於每月　　　　日前給付被害人：□住居所租金（新台幣，下同）________元、□扶養費 __________元、□未成年子女（姓名）__________之扶養費__________元。

□相對人應交付下列費用予被害人或特定家庭成員（姓名）________；□醫療費用__________元、□輔導費用_____________元、□庇護所費用____________、□財物損害費用___________元、□其他費用 ____________元。

□相對人應完成下列處遇計劃：□戒癮（□酒精、□藥物濫用、□毒品、□其他________）治療□精神治療、□心理輔導、□其他___________________。

□相對人應負擔律師費____________元。

□其他保護被害人及其特定家庭成員之必要命令：_____________________________。

□程序費用由相對人負擔。

原因事實

（請勾選符合您本件聲請之事實，如有其他補充陳述，請在「其他」項下填寫）

（一）被害人、相對人之關係：□婚姻中（□共同生活□分居）□離婚；□現有或□曾有下列關係：□事實上夫妻關係□家長家屬□家屬間□直系血親□直系姻親□四親等內旁系血親 □四親等內旁系姻親□其他：

（二）被害人之職業________、經濟狀況________、教育程度______；相對人之職業________、經濟狀況________、教育程度__________；□有共同子女__________人；其中未成年子女__________人，姓名及年齡__________。

（三）家庭暴力發生之時間、原因、地點

發生時間：______年______月______日______時____分

發生原因：□感情問題□個性不合□口角□慣常性虐待

□酗酒□施用毒品、禁藥或其他迷幻藥物□財務問題□兒女管教問題□親屬相處問題□不良嗜好□精神異常□出入不當場所（場所種類________□其他：__________

發生地點：____

（四）被害人及其家庭成員是否遭受相對人暴力攻擊？□是□否；如是，遭受攻擊者姓名：　　　　　　　　係□兒童□少年□成人□老人。

遭受何種暴力？□普通傷害□重傷害□殺人未遂□殺人□性侵害□妨害自由□其他：________。攻擊態樣：□使用槍枝□使用刀械□使用棍棒□徒手□其他：____。

是否受傷？□是□否，如是，受傷部位：____________。

是否驗傷？□是□否，如是，是否經醫療院所開具驗傷單？□是□否。

（五）被害人及其家庭成員是否遭受相對人恐嚇、脅迫、辱罵及其他精神上不法侵害？□是□否，如是其具體內容為：____

____

（六）是否有任何財物毀損？□是□否，如是，被損之物品為：___________________

屬於__________所有。

（七）相對人以前是否曾對被害人及其家庭成員實施暴力行為？□是□否，如是，共____次，最近一次之時間：____年____月____日，被害人：______________。

相對人以前是否曾因家庭暴力行為，經法院核發民事保護令？□是□否，如是，共＿＿＿＿次。

（八）相對人以前是否曾以言詞、文字或其他方法恐嚇被害人不得報警或尋求協助？□是□否。

（九）相對人以前是否曾受□戒癮（□酒精、□藥物濫用、□毒品、□其他＿＿＿＿）治療、□精神治療、□心理輔導？如是，其治療或輔導機構：＿＿＿＿＿＿＿＿＿＿＿＿＿＿＿＿＿＿＿＿，成效如何？＿＿＿＿＿＿＿＿＿＿＿＿＿＿＿＿＿＿＿＿

（十）被害人希望相對人交付物品之場所為：

（十一）被害人是否要求對其本人及子女之住居所予以保密？□是□否。

（十二）其他：

四、證據

（一）證人姓名及住所：

（二）證物：

此　致

臺灣　　地方法院家事法庭		
	具　狀　人	（蓋章）
	法定代理人	（蓋章）
	代　理　人	（蓋章）
	撰　狀　人	（蓋章）
中華民國	年　　月	日

四、我要抓姦?!

故事內容：

斐雯與東廷結婚七年了，東廷是一個忠厚老實的先生，七年婚姻生活，除了上班以外，都是回家和老婆斐雯共進晚餐、看電視。最近東廷行蹤詭異，經常藉口加班應酬不和斐雯吃飯，雖然東廷每天都會在晚上十點前回家，但是斐雯的女人直覺告訴自己，東廷可能有外遇，斐雯旁敲側擊，東廷始終笑臉以對，認為斐雯想太多，斐雯也懷疑自己的直覺。可是，有天半夜二點，斐雯想起床上廁所，發現身邊的東廷不見了，斐雯以為東廷去小孩房間替小孩蓋被子，不以為意，上完廁所就躲回被窩睡覺，豈知，突然聽到陽台傳來東廷的聲音，內容大概是說：你不要哭了，我當然愛你，我明天一定去看你，寶貝乖，早一點睡……，聽到東廷的對話，躺在床上的斐雯滿腦空白，不自覺淚流滿面，東廷講完電話進房間，沒有注意到斐雯，但仍舊溫柔的替斐雯蓋好被子，輕吻斐雯秀髮。第二天，東廷藉口公司臨時要求他到高雄出差為由沒有回家睡覺，往後的日子，東廷對斐雯和孩子依舊照顧，但是東廷卻抽出越來越多的時間陪伴外面的女人，斐雯在想，我要抓姦嗎？怎麼抓？抓到之後是不是這個狐狸精就永遠不能進東廷家門？

問題：

1. 我要去抓姦嗎？
2. 怎樣才能構成通姦？孤男寡女三更半夜獨處賓館，構成刑法通姦罪？
3. 可不可以只告先生不告第三者？或只告第三者不告先生？
4. 觸犯妨害家庭罪的人將來可以結婚嗎？

蔡律師為妳解答：

解答❶：

要不要抓姦？其實全看受害配偶的需求來決定，如果受害配偶還想挽救瀕臨破碎的婚姻，抓姦並不適當，因為抓姦時「赤裸裸」的尷尬場面，只會把夫妻的距離拉遠，對婚姻的挽回並無實益，既然如此，又何須勞民傷財又傷身地抓姦呢？不過，縱使不抓姦，**受害的配偶還是應該先搜集一些對方外遇的蛛絲馬跡，包括發票、電話通聯記錄、信用卡異常刷卡記錄、電子郵件等證據**，讓違背婚姻忠貞義務的一方在還有良心的時候俯首認罪，坦承外遇，並且加以錄音存證或要求對方簽立悔過書，以備日後夫妻撕破臉時或對方不肯懸崖勒馬時，當作談判籌碼及請求裁判離婚的依據。

相反地，倘若受害配偶無意維持品質不佳的婚姻，而偷腥的一方又堅持腳踏兩條船不願離婚，或不願給他方公平的離婚條件，這時受害配偶為了取得較好的離婚條件，抓姦就顯得格外重要。不過，坊間徵信業者的素質良莠不齊，委託坊間徵信者監視配偶，除應注意價格被哄檯之外，是否觸法，也是許多人關注的焦點。

解答❷：

什麼叫通姦？刑法第二百三十九條規定「有配偶而與人通姦者，處一年以下有期徒刑，其相姦者，亦同」，換句話說，只要有配偶的人，無論是有夫之婦或有婦之夫，與配偶以外的異性發生性行為，就是犯了刑法上的通姦罪。而明知其有配偶仍與發生關係之人則觸犯了相姦罪，所謂發生性關係是指性器官接觸，但是，通姦的行為相當隱私，又涉刑責，因此發生通姦的地點通常都在極隱密的處所，外人不易查覺或進入，要「抓姦在床」更屬百年難得一見，因此，很多人就委託徵信業者「捉猴」，但是，即使委託徵信業者抓姦，也必須會同警察一起到現場。通常警方對於這樣的小案子往往不願意也無從採取破門而入的方式

（因為警方可能觸犯毀損、妨害自由等罪嫌），因此，當警察按門鈴，通姦相姦的人來開門，當然都已著裝完畢，不可能看到「姦夫淫婦裸裎相對」的模樣，但是，一般民眾會認為三更半夜孤男寡女在賓館共處一室，說無姦情何人能信？是的，法院就是不信，如果姦夫淫婦不坦承有通姦行為，現場又沒有查獲衛生紙、保險套、精液等證物，要以推測、想當然爾的方式要人定罪這可是行不通的喔。

近年來徵信社「外遇錄音、錄影、跟監」等業務欣欣向榮，雖然使得許多受委屈的妻子，可以透過此途，錄得通姦人間親密露骨的偷情對話或精彩的情愛畫面，進而訴諸法律，使通姦人得到處罰，一吐怨氣。但相反地，憲法規定人民有言論及通訊之自由，假設自己的言行，隨時隨地有被第三人竊聽竊錄的可能，大家說話前可能都得三思，甚至四思，或者乾脆選擇閉嘴，則憲法所保障的自由將被摧毀殆盡，人與人的信賴關係也將因此瓦解。因此法院在面對此類問題時，對於以偷錄而得之錄影帶為證據的通姦案，常會出現兩極化的判決，有的法官認為通姦罪是輕罪，縱使採證不易，但依憲法「比例原則」，仍不宜允許私人以不法手段取得電話錄音或錄影作為判決的依據，並認為若有法院予以無條件援用該錄音、錄影帶為證，這就像是縱容私家徵信社及其他個人違法竊聽侵害他人私權領域；但相反地，也有法官認為，通姦罪既屬應罰之犯罪行為，被害人為維護自己之權益不受侵害所為的搜證，這並不是不合理，也與公平正義及憲法比例原則無違。看來同樣的比例原則，由不同人詮釋，會有不同效果，我們也只能期待法院見解漸趨一致。

解答❸：

一旦提出通姦告訴，原則上就是告了兩個人，當然告訴人在提出通姦告訴後，若因條件談妥願意原諒「姦夫淫婦」之行為，告訴人可以在警察局、地檢署偵查中或在起訴後第一審最後一次言詞辯論庭結束前撤回告訴。撤回的方式可以用書狀，也可以當庭口頭表示。但是，若錯過了上述撤回告訴的時間，在第二審高等法院審理時才後悔就來不及了。

而在撤回告訴時，不一定要對通姦、相姦的雙方都一起撤回，可以只撤回自己配偶部分，讓相姦者被判刑，但要注意的是，不可以只撤回對對方部分的告訴而只告配偶，這是因為當時制定法律的人認為，外人都可以寬諒了，自己的配偶沒有理由不能原諒，所以如果只撤回對方部分告訴，撤回的效力就會及於告訴人之配偶。

解答❹：

現實社會中我們經常會看到許多通姦受害配偶企圖以有名無實的婚姻囚禁對方，目的就是不讓對方與第三者結合，以洩心頭之恨，甚至很多女人誤以為只要抓姦，縱使將來自己和先生離婚，先生就不能和相姦的人結婚，這些都是落伍的觀念，民法早在民國八十七年六月間就廢除因姦經判決離婚或受刑之宣告者，不得與相姦者結婚的規定。

說實話，當您因為不甘心而為有名無實的婚姻青春耗盡後，換來的只是更多的不甘心，不會有任何快感，更何況分居條款乃世界之趨勢，未來只要夫妻分居達一定時間（三年至五年），不論當時造成分居的原因為何，夫妻雙方都可提起裁判離婚，剩下的只是金錢損害賠償的問題，到時對方依然可以訴請法院結束婚姻，以自己一生幸福、青春耗盡的代價來作為報復的手段未免太過不划算，聰明的你一定要懂得在正確的時間作正確的抉擇。

小常識

※只要有配偶，與別人發生性行為，就是犯了刑法上的通姦罪。

※明知對方已婚，仍與發生關係之人，觸犯了相姦罪。

※提出通姦告訴，告訴人可在起訴後第一審最後一次言詞辯論庭結束前撤回告訴。

附錄：

和解書

○○○（以下簡稱甲方）
立書人○○○（以下簡稱乙方）茲就乙、丙雙方於
○○○（以下簡稱丙方）

民國○○年○○月○○日於台北市○○路○○號○○樓發生性關係，觸犯妨害家庭犯行，經甲方會同警方當場查獲，乙、丙雙方對甲方深感抱歉，三方同意達成和解，條件如后：

一、乙方於○○年○○月○○日以前應給付甲方新台幣○○○元整。丙方於○○年○○月○○日以前應給付甲方新台幣○○○元整。

二、乙、丙雙方保證自簽訂本和解書之日起不再有任何往來、聯絡（包括寫信、電話、e-mai;或任何視訊接觸）或見面之行為，如有違反本條之規定，須賠償甲方新台幣○○元之懲罰性違約賠償。

三、乙、丙雙方依約履行本協議書內容後，甲方同意對於乙、丙雙方於簽訂本和解書之日前妨害家庭行為不予追究，並不對甲方提出任何民、刑事訴訟。

四、甲、乙、丙三方均不得將本協議書及乙方與丙方妨害家庭之相關情形及事證提供給任何第三人知悉，若有違反，願無異議賠償對方精神損失○○○元整。

五、因本和解書涉訟時，合意由台灣○○地方法院為第一審管轄法院。

立書人

甲方姓名：

身份證字號：

出生年月日：

地址：

乙方姓名：

身份證字號：

出生年月日：

地址：

丙方姓名：

身份證字號：

出生年月日：

地址：

中華民國　九十　年　　　　　月　　　　　日

五、我要離婚

故事內容：

彩萍和忠文結婚多年，生有二名子女，感情向來不錯，忠文本來受雇開遊覽車，五年前忠文在彩萍鼓勵下自營遊覽車生意，彩萍則協助忠文記帳、買東西，甚至有空就充當遊覽車小姐。因為彩萍和忠文對客人相當友善、忠文開車也注重安全、守法，因此生意興隆，遊覽車公司從一台車擴張到八台車，夫妻胼手胝足賺進大把鈔票，忠文馬上替家人換了一個舒適、寬廣的房子，夫妻兩人覺得遊覽車生意已漸漸上軌道，而兩個孩子已經上了國小，必須開始督促小孩課業，於是決定由彩萍退居幕後，專職照顧兩個孩子，忠文則繼續經營遊覽車業務。怎麼知道，忠文竟誤交損友，開始有朋友以拉生意為由，帶忠文到酒家交際應酬，老實的忠文不懂推辭，加上歡場女子的誘惑，忠文竟然身陷其中，初期，忠文還會為了上酒家的事向彩萍懺悔，並信誓旦旦表示不再犯，豈知，懺悔之言猶在耳，忠文竟又赴酒家與歡場女子發生性關係，甚至感染性病，造成彩萍也無端受害，到醫院接受電療一年多，從此，彩萍覺得忠文很骯髒，拒絕再與忠文發生性關係，忠文則揚言要告彩萍不履行同居義務，而忠文因此離家出走迄今已二年，最近彩萍聽說忠文染上賭，負債千萬，彩萍該怎麼辦？

問題：

1. 什麼理由可以請求裁判離婚？分居幾年可以離婚？
2. 先生好賭可以請求離婚嗎？
3. 對方拒絕性生活可以請求離婚嗎？

蔡律師為妳解答：

解答❶：

民法第一千零五十二條第一項規定離婚的理由有十種，包括：

(1)重婚

(2)與人通姦

(3)夫妻之一方受他方不堪同居之虐待者

(4)夫妻之一方對於他方之直系尊親屬為虐待，或受他方之直系尊親屬之虐待，致不堪為共同生活者

(5)夫妻之一方以惡意遺棄他方在繼續狀態中者

(6)夫妻之一方意圖殺害他方者

(7)有不治之惡疾者

(8)有重大不治之精神病者

(9)生死不明已逾三年者

(10)被處三年以上徒刑或因犯不名譽之罪被處徒刑者。

除了上述十種終結婚姻的列舉事由外，民國七十四年該條第二項多加一種概括事由，就是「其他重大事由難以維持婚姻時」，夫妻一方可以請求離婚，但是必須無過失一方才可以請求。例如，有個太太當初是因為被先生毆打才離家，夫妻分居長達十年，十年間沒有互動，客觀上看來這段婚姻應該無法破鏡重圓，已達難以維持婚姻的程度，但是因為這位太太當時被打時沒有去驗傷，也沒目擊證人，這時太太要起訴請求裁判離婚，就必須證明夫妻分居十年自己沒過失，是對方的錯所造成，才能請求裁判離婚。如果是提起離婚那方的過失所造成，那麼很抱歉，即使您已經過了十年以上有名無實的婚姻生活，如果對方還是不放手、不願離婚，你還是離不成的。

因此，民法第一千零五十二條增設第二項雖是破綻離婚主義的開端，但是，第二項的但書卻還是讓許多人至今仍為有名無實的婚姻所苦。有鑑於此，民國八十八年底法務部參酌世界立法趨勢，完成民法親屬篇修正草案，放寬了訴訟離婚的要件，規定夫妻不共同生活達五年以上，就可以請求離婚，但是還是賦予法院可以針對個案加以斟酌，如果法官認為光以夫妻分居五年判准離婚對未成年女子顯然不利或是對不離婚的一方過苛時，還是可以不准離婚的。不過，這些都只是草案，還沒有三讀通過，有些當事人只看到報紙報導的標題，就以為法律已通過，要到法院請求離婚，恐怕有所誤解。

解答❷：

就如前面提到的，民國七十四年修正民法時，在夫妻請求裁判離婚事由中增定第二項「重大事由，難以維持婚姻」，使得裁判離婚較富彈性，但這樣的概括規定，給了法院裁判者相當大的裁量權，是否為難以維持婚姻的「重大事由」？隨著每個法官對婚姻的價值觀、親身經歷及想法的不同，而有不同的註解，相同的案例可能甲法官判准離婚，乙法官判不准，執法者無「法」可循，人民更是無所適從。像是配偶一方不務正業、不賺錢養家、嗜賭成性、嗜酒如命，對一般大眾而言都會認為無法和這樣的配偶共處，維持正常夫妻關係，但是最高法院在十年前也就是八十年台上字第一九五三號判決中卻認為「……好賭雖為惡習，於法固有一定之制裁，亦難遽認為難以維持婚姻之事由」，這樣的判決令人遺憾，亦令人感嘆司法判決無法和人民法情感相符。我們期待最高法院可以摒棄「勸和不勸離」、「法不入家門」、「清官難斷家務事」的傳統觀念，根據個案提供更多因違反婚姻本質，夫妻再共同生活不符家庭利益而准許裁判離婚的判決、判例供執法人員及人民遵循，並為那些不幸深陷婚姻苦牢，備受煎熬的男女可以早日解脫。

解答❸：

據統計指出有婚前性行為的男女比例佔百分之七十五，可見仍有部分保守、傳統之男女，婚後才開始性生活，如果結婚以後才發現對方不能人道而且不能治時，在民法上有明文規定可以在知悉對方不能治之日起三年內撤銷婚姻。但是現今社會很多夫妻性生活不協調不是生理因素，而是因為工作壓力過重或夫妻對性事溝通不良，甚至是性觀念不同，導致「性」趣缺缺，但卻還是礙於保守觀念和想法作祟，不敢和對方深談、溝通，反而採取生悶氣、冷嘲熱諷的方式因應，結果非但性生活不協調，連性生活以外的正常夫妻互動亦也影響，夫妻爭執日深、漸行漸遠，反倒因此成了怨偶，令人遺憾。

其實性生活雖然不是婚姻生活的全部，但是不可否認的「它」可是婚姻生活的重要環節，有了正常的性生活可以增加夫妻親密度、信任感及增進彼此的信心，沒有性生活、性生活不正常或一方經常無故拒絕行房都會使得配偶一方在精神上受到傷害，諸如對自己缺乏自信；生理、心理需求無法得到滿足或安慰。如果夫妻一方有正當理由（例如身體狀況不佳、對方染有性病等）拒絕履行夫妻房事，他方當然不能以此事由請求裁判離婚，但如果對方是無故不履行夫妻應盡義務，筆者建議欲以此理由提起裁判離婚的人必須先把對方拒絕「炒飯」的情形錄音存證，對於自己盡相當的努力協調房事的過程也要適當存證，或者尋求專業心理醫師、婚姻諮商師求助，讓該等專業人員留下記錄，這時如果對方還是無動於衷，這種性生活不協調之情形應屬夫妻間不堪同居之精神虐待，法院應准予離婚，才符合「人道」精神。

附錄：

<table>
<tr><td colspan="3">民事起訴狀</td></tr>
<tr><td>案　　　號</td><td colspan="2">九十四年度　　字第　　號股別</td></tr>
<tr><td>訴訟標的金額或價額</td><td>新　台　幣</td><td>元整</td></tr>
<tr><td>稱　　　謂</td><td>姓名或名稱</td><td>依序填寫：國民身份證號碼或營利事業統一編號、性別、出生年月日、職業、住居所、就業處所、公務所、事務所或營業所、郵遞區號、電話、傳真、電子郵件位址、指定送達代收人及其送達處所。</td></tr>
<tr><td>原　　　告

被　　　告</td><td>○○○

○○○</td><td>身份證字號（或營利事業統一編號）：
性別：　　生日：　　職業：
住：
郵遞區號：
電話：　　　傳真：
電子郵件位址：
送達代收人：
送達處所：

身份證字號（或營利事業統一編號）：
性別：　　生日：　　職業：
住：
郵遞區號：
電話：　　　傳真：
電子郵件位址：
送達代收人：
送達處所：</td></tr>
</table>

為上當事人間請求裁判離婚事件，依法起訴事：

訴之聲明

一、請准原告與被告離婚。

二、兩造所生之子女○○○（民國○○○年○○○月○○○日，身份證字號：○○○）、○○○（民國○○○年○○○月○○○日，身份證字號：○○○）權利義務之行使或負擔之人由原告任之。

三、被告應自民國○○○年○○○月○○○日起，至兩造所生之子女○○○、○○○成年之日止，按月就每一個子女對原告給付未成年子女之扶養費各新台幣○○○元，分期給付，遲延一期履行者，其後之期間視為亦已到期。

四、被告應給付原告新台幣○○○元整，及自本起訴狀繕本送達之翌日起至清償日止，按年息百分之五計算之利息。

五、第四項之聲明原告願供現金為擔保，請准宣告假執行。

六、訴訟費用由被告負擔。

事實及理由

壹、離婚部分：

一、被告不履行同居義務

（一）按「民法第一千零五十二條第五款所謂夫妻之一方，以惡意遺棄他方在繼續狀態中者，係指夫或妻無正當理由，不盡同居或支付家庭生活費用之義務而言」，最高法院三十九年上字第四一五號、四九年台上字第一二五一號判例著有明文。

（二）（詳述不履行同居之事實）

二、被告虐待原告：

（一）按「夫婦因尋常細故迭次毆打，即有不堪同居之痛苦。」、「慣行毆打，即為不堪同居之虐待，足以構成離婚之原因」、「民法第一千零五十二條第三款所謂不堪同居之虐待，係指予以身體上或精神上不可忍受之痛苦，致不堪繼續同居者而言。故夫妻之一方受他方之重大侮辱，如夫誣稱妻與人通姦，使人感受精神上之痛苦不堪繼續同居者，不得謂非不堪同居之虐待。」此有最高法院十九年上字第一一二八號判例、二十年上字第六七八號判例可資參考。

（二）（詳述被虐待的事實）

三、原告援引民法第一千零五十二條第一項第三款，及第五款第二項規定請求裁判離婚。

貳、非財產損害賠償部分：

一、民法第一千零五十六條規定：夫妻之一方因判決離婚而受有損害者，得向有過失之他方請求賠償，雖非財產上之損害，受害人亦得請求賠償相當之金額。

二、（詳述雙方學經歷及原告在婚姻所受之痛苦的對價）

參、子女監護權部分：

（從以下五點詳述子女與原告與被告互動情形）

一、子女之年齡、性別、人數及健康情形

二、子女之意願及人格發展之需要

三、父母之年齡、職業、品行、健康情形、經濟能力及生活狀況

四、父母保護教養子女之意願及態度。

五、父母子女間或未成年子女與其他共同生活之人間之感情狀況。

肆、婚後子女生活、教育費部份：

一、按父母對於未成年之子女有保護教養之義務，民法第一千零八十四條定有明文。復按父母對於未成年子女之扶養義務，不因結婚經撤銷或離婚而受影響，民法第一千一百一十六條亦有規定。又非訟事件法第七十六條之六規定「法院依民法第一千零五十五條之規定，為酌定、改定或變更時，得命交付

子女、未行使或負擔權利義務之一方與未成年子女會面交往之方式與期間，給付扶養費，交付身分證明文件或其他財物命為相當之處分，並得訂定必要事項。前項扶養費之給付，法院得依聲請或依職權命為一次給付或分期給付。分期給付遲誤一期履行者，其後之期間視為亦已到期。」

二、查本件兩造所生之子○○○、○○○目前均尚未就讀國小，日後花費相當可觀，則依○○○政府編撰之台北市家庭收支概況調查報告九十年度平均每人每年經常性支出為○○○元，消費性支出為○○○元，原告與被告共同負擔子女生活教育費，則原告請求被告每月負擔每名子女生活教育費新台幣○○○元，應屬合理，爰第三項訴之聲明。

伍、為此，狀請　鈞院鑒核，迅與賜判決如起訴之聲明，以維原告權益，不勝感念

謹狀

法院　公鑒				
證物名稱及件數				
中華民國	年	月	日	
具狀人				簽名蓋章
撰狀人				簽名蓋章

子女權益

Posterity

- 離婚小孩應該和誰住？
- 沒離婚前帶走小孩犯罪嗎？
- 可以不得對方同意遷小孩戶籍嗎？
- 什麼叫婚生子女否認之訴？誰可以提這種訴訟？
- 非婚生子女經認領後，監護權歸誰？
- 繼承人要如何判定？
- 什麼叫做應繼分？代位繼承？
- 要怎樣立遺囑？遺囑的效力都一樣嗎？

一、叫我私生子太沈重了

故事內容：

寶兒和小張認識四個月就閃電結婚，剛結婚的時候還是熱戀階段，眼中只有彼此，慢慢地，現實生活無情地介入他們薄弱的婚姻關係，柴米油鹽醬醋茶考驗他們的浪漫，公婆、岳父母的過度關愛讓他們不知所措，婚後不到一年，兩個人開始為了生活細節爭執不斷，加上小張的愛吃醋、些微的暴力傾向讓兩人的感情日漸疏離。之後寶兒選擇離開台北，獨自一人到美國散心，當時寶兒在美國認識一樣來自台灣的陳平，兩人志趣相投，相談甚歡，寶兒回台後，小張至機場接寶兒，要求寶兒再給他一次機會，寶兒心軟就答應和小張重修舊好，只可惜小張情緒依舊不穩定，偶爾會無故失蹤或對寶兒惡言相向，寶兒沮喪的時候會去找陳平聊天抒發情緒，漸漸地兩個人友情無形變質，甚至發生性關係。這一切都在寶兒意料之外，寶兒發現自己竟然意外懷孕，寶兒並不確定孩子是陳平或小張的，但小張在知道寶兒懷孕後對寶兒相當疼惜，整個人因為要當爸爸而有轉變，開始懂得體諒、關懷別人，寶兒因此更加內疚，後來寶兒生下兒子軒軒，寶兒偷偷將軒軒和小張的檢體送至醫院化驗，發現軒軒和小張不是父子，小張對寶兒和軒軒相當疼愛，陳平知道軒軒不是小張的兒子後，也要求寶兒讓軒軒認祖歸宗，寶兒很掙扎，他該讓軒軒認祖歸宗嗎？如果寶兒不肯，那將來陳平或軒軒可以要求讓軒軒認祖歸宗嗎？如果陳平認領軒軒，軒軒監護權歸誰？

問題：

1. 什麼叫婚生子女否認之訴？誰可以提這種訴訟？
2. 什麼叫認領？
3. 非婚生子女經認領後，監護權歸誰？

蔡律師為妳解答：

解答❶：

最近社會新聞經常報導有父親在養孩子的過程中發現孩子長越大和自己越不像，懷疑孩子的血統，最後確認孩子不是自己親生，在法律上卻無法把孩子從自己的戶籍資料中「除名」，這種子非子，父非父的怪象令人遺憾，那是因為法律規定，妻子在婚姻關係存續中受胎所生的小孩，原則上推定為妻子與丈夫的婚生子女，在法律上只能登記孩子的生父為妻子的配偶，如果妻子是因外遇而懷孕生子，要孩子認祖歸宗還是有法可循，**只要夫妻一方能證明妻非自夫受胎，夫妻都可以提起婚生子女否認之訴，不過必須要在知道子女出生之日起一年內提出，這樣才能兼顧身分安定及子女利益。**

民法第一千零六十三條規定提起否認之訴僅限夫妻之一方，子女本身則無獨立提起否認之訴之資格，但是子女獲知其血統來源，確定其真實父子身分關係，攸關子女之人格權，應受憲法保障，民法第一千零六十三條規定顯然未顧及子女得獨立提起否認之訴時應有之合理期間及起算日，不足以維護子女的人格權益。**因此民國九十三年十二月三十日大法官會議做成釋字第五八七號解釋，要求有關機關應適時就得提起否認生父之訴之主體、起訴除斥期間之長短及其起算日等相關規定檢討改進**，以符憲法意旨。當然，法律不許親生父對受推定為他人之婚生子女提起否認之訴，是因為避免因訴訟而破壞他人婚姻之安定、家庭之和諧及影響子女受教養之權益，大法官會議也認為這樣的限制與憲法尚無牴觸。

解答❷：

非婚生子女和生母的關係，由於有生理上分娩的事實，一出生即與生母發生母子關係，與一般法律上規範婚生子女與生母的關係相同：生母有撫育未成年子女之權利義務，子女與生母有相互繼承等關係。但是非婚生子女與生父的關係卻不會因子女出生而自然發生，而是必須透過撫育、認領或生父與生母結婚等情形，才會發生直系血親的關係。什麼叫認領，在法律用詞上並無「領養」字眼，只有「認領」和「收養」。**「認領」是指生父承認非婚生子女為自己親生子女；而「收養」則指以他人的子女為自己子女**，兩者意義相差懸殊，不能亂用。

筆者曾接觸一有趣案例：一對恩愛的夫妻，一直未能育有子女。某日先生突發奇想告訴太太，想認領隔壁未婚媽媽的小孩，太太聽到「認領」二字，誤以為未婚媽媽生的孩子是先生的風流種，一氣之下離家出走。後來幸得友人居間協調，才化解一場誤會。認領在法律上又可分為「任意認領」與「強制認領」二種。**任意認領只要生父表示認領的意思即可，不必要訴請法院為之**，不需要得到生母及非婚生子女的同意，也不需經戶政機關為認領之登記。戶政機關的登記，充其量只是一種證明認領的方法而已。又倘若生父有撫育非婚生子女之事實，縱使生父未明白表示認領之意，法律上也視為認領。但此處所謂的撫育不僅僅限於教養，也不論生父曾否與生母同居，只要生父有撫養非婚生子女之實，即應視為已認領。

至於**強制認領則是運用在沒良心的生父不認領非婚生子女的情況時，非婚生子女可請求法院**

確認生父子女關係存在。

以下就是法律規定強制認領的條件：

(1)受胎期間生父與生母有同居之事實：因每個孕婦體質不同，懷胎期間長短不同，依現代醫學統計，我國民法規定自子女出生日回溯第一百八十一日起第三百零二日止為受胎期間，只要這段期間，生父與生母有「同床，不一定要住在同一處」，非婚生子女即有權請求生父認領。

(2)由生父所作的文書可證明為生父者：這裡所謂的文書多指情書、日記、或其他函件。

(3)生母被生父強姦或略誘成姦：所謂略誘成姦，是指男子施用詐術，誘騙女子成姦的意思，這個規定似乎是在制裁生父違法的惡劣行為，要生父負起養育子女之責，不過，事實上，遭強姦或略誘成姦而生有子女的女子對於加害人早就恨之入骨，巴不得與加害人斷絕所有關係，所以極少人會提起認領之訴。

(4)生母因生父濫用權勢成姦者：何謂濫用權勢成姦?例如長官與屬員、監獄官與女囚、店東與女店員等，彼此間有命令服從關係，倘若長官、監獄官、店東利用其地位而姦淫屬員、女囚、女店員，而生有子女，為懲罰生父之惡劣行徑，非婚生子女時，自然可以訴請法院強制生父認領。

解答③：

非婚生子女經生父認領後，視為婚生子女，與婚生子女有同一身分，且溯及到非婚生子女出生之時，此時非婚生子女對於生父的財產有繼承權，且應繼分與婚生子女相同。但須注意的是，非婚生子女對生父的財產要發生繼承的效力，需生父在生前已任意或強制認領非婚生子女，倘生父已死亡，非婚生子女就無法請求已死亡之生父或其繼承人認領，而生父之父母或親屬也無法認領非婚生子女。

又生父於認領後，即產生對非婚生子女扶養的義務，當然生父也可以對非婚生子女行使親權。事實上，生母對於生父認領最害怕的是，一旦非婚生子女被生父認領後，小孩是否一定要和生父同住？歸生父監護？如此一來母子將無法共同生活。關於這個問題，我國過去民法並未明文規定，不過實務上大部份依當時我國民法第一千零五十一條、一千零五十五條及一千零八十九條之法意推論，認非婚生子女經生父認領後，監護權原則上由生父推任，非婚生子女自然應和生父同住，不過自民國八十五年九月二十五日民法修正以後，在一千零六十九條之一明文規定，非婚生子女經認領後，監護權的歸屬可以適用關於夫妻離婚之規定，即原則上由生父、生母協議約定，協議不成可以訴請法院酌定，法院會審酌父母雙方之經濟能力、品行、職業、身體狀況、教養子女的態度、意願及子女之年齡、性別、意願做一個判斷。所以，現代生母只要有相當經濟能力，適合教育子女，大可放心給非婚生子女一個父親、一個婚生地位，不用再擔心會有因此被拆散的危機。

附錄：

民事起訴狀		
原告	○○○	
被告	○○○（配偶）	
被告	○○○（子女）	

為右當事人間否認子女事件，謹依法提呈起訴狀事：

訴之聲明

一、請求確認被告○○○（民國○○○年○○○月○○○日出生，身份證字號：○○○）與被告○○○之父女關係不存在。

二、訴訟費用由被告負擔。

事實及理由

壹、事實：

（簡述原告及被告二人的關係）

貳、理由：

一、按妻之受胎，係在婚姻關係存續中者，推定其所生子女為婚生子女；前項推定，如夫妻之一方能證明妻非自夫受胎者，則得提起否認之訴，惟應於知悉子女出生之日起一年內為之；又前開所稱之受胎期間，係指從子女出生日回溯一百八十一日起至第三百零二日止，民法第一千零六十三條、第一千零六十二條第一項分別定有明文。

二、被告○○○於○○○年○○○月○○○日出生，而原告與被告○○○早在○○○年○○○月即已未再見面，更違論發生性關係，則被告○○○自非自被告○○○受胎所生乙事至明。為此，謹依前引法條，提起本件否認子女之訴。

參、綜上，懇請　鈞院鑒核，迅賜判決如起訴之聲明，以維權益，並符法制，實感德便。

謹　狀

台灣○○○地方法院民事庭公鑒

原證一號：原告戶籍謄本乙份。

原證二號：被告○○○之出生證明書正本乙份。

原證三號：被告○○○之戶籍謄本乙份。

中　華　民　國　　　　年　　　　月　　　　日

原告　○○○　　簽名蓋章

二、離婚前帶走孩子犯法嗎？

故事內容：

春麗和景琦都是碩士畢業，到了三十六歲拉警報的年紀，一直沒有適合的結婚對象，家人相當著急，於是，在媒人的引薦撮合之下，春麗、景琦認識不到半年就結婚了，因為兩個人都愛孩子，加上高齡考量，婚後，小倆口還來不及享受兩人甜蜜世界，就得「認真辦事」、積極懷孕，果然，一年後如願以償生下小業。由於是雙薪家庭，小業從小就由春麗的媽媽帶大，戶籍也和春麗一樣設在台北外婆家，而春麗在台北工作，景琦在桃園工作，兩個人為了方便就近看小孩，大多數時間都住在春麗娘家，只有休假日才回去桃園住。不過或許是因為婚前兩人認識不夠深刻，婚後春麗、景琦都覺得彼此個性不合、價值觀不同、沒有共同興趣，但是因為兩個人都愛孩子，對小業都疼愛有加，因此不曾輕言離婚，更不曾惡言相向，只有相敬如「冰」，有一天，春麗和景琦為了小業要就讀台北市或桃園市的國小起爭執，一氣之下，兩個人竟大打出手，景琦氣得回到桃園家中，第二天景琦到春麗娘家要孩子，春麗及娘家的人不肯放，景琦揚言要告春麗強制罪、略誘罪，春麗在想，自己也是小業的媽媽，不把孩子給景琦真的構成犯罪嗎？還有小業的戶籍還在春麗家，景琦想讓小業回桃園念國小，景琦可不可以自己到戶政機關遷小業的戶籍，方便小業就學？

問題：

1. 小孩應該和誰住？
2. 沒離婚前帶走小孩犯罪嗎？
3. 父母可以不得對方同意遷小孩戶籍嗎？

蔡律師為妳解答：

解答❶：

普遍中國男人都有一個傳統迷思，認為小孩跟著父親姓，基於傳宗接代的觀念，小孩當然應該只能跟父親居住，不容流落到由外姓氏扶養，所以我們常常會聽到：「要走你自己走，孩子給我留下來，我們×家的小孩不可能讓你帶走。」確實，民國七十四年以前我國民法也規定未成年子女以其父之住所為住所，瞧瞧，這又是父權思想的遺毒。

不過，幸運的是，民國七十四年六月修法時，立法諸公在婦運人士極力爭取的情形下，從善如流，將民法第一千零六十條改為：未成年子女以其「父母」之住所為住所，當然那是因為父母對於未成年子女都有保護教養的權利和義務，必須要有指定未成年子女居住處所的權利，否則無從保護教養未成年子女。一般來說，父母親在沒有離婚的情形下，原則都居住一起，未成年子女理所當然和父母一起居住，或者因求學關係，在父母親同意下暫時居住他所。但是，有問題的是，萬一父母還沒離婚，但是感情不睦、或者因為工作因素分居兩地，那未成年子女到底要和媽媽還是和爸爸同住不免生爭議。民法第一千零八十九條既然規定未成年人權利義務是由父母共同行使及負擔，則子女的居住處所原則上當然應該由父、母親共同協議決定，只是，萬一父母意見不一致，協議不成時怎麼辦？筆者認為，子女居住所約定應該屬於民法第一千零八十九條第二項「子女重大事項權利之行使」，父母意見不一致時，應該可以請求法院依子女的最佳利益來酌定。法院在酌定小孩住居所時，通常會參考孩子過去居住所情形、孩子意願、父母居住環境、父母與子女互動關係、與父母同住之家人與小孩關係等做綜合判斷。

解答❷：

現代的父母人生得少，對子女期待很高，付出的心力較多，因此，很多要逃離婚姻苦海的男女，都會為了孩子監護權歸屬問題爭執不休、苦守婚姻；也有很多父母在沒有離婚前就處於分居狀態，這時孩子監護權歸屬是誰法院還沒判，但是，小孩無法分成兩半，勢必只能跟著其中一人生活，因此在裁判離婚訴訟開打前，父母雙方早就陷入子女爭奪防衛戰，兩個人互相藏小孩，小孩就跟著東躲西藏，到處轉學，永無寧日，對孩子而言並非善事。

當然，父母沒離婚法院未判定子女監護權歸誰前，父母都是孩子的法定代理人，對孩子都有監護、保護、扶養的權利和義務，除非父或母有不適任的情形，遭法院宣告停止親權，否則孩子的監護權不會單獨歸屬於任何一人，因此，若夫妻未離婚前，因害怕對方藏匿孩子、或為了日後爭取孩子監護權考量，把孩子帶在身邊，要求學校老師不能讓對方探視或帶小孩走，甚至把小孩送到大陸或國外居住，這樣的行為到底犯不犯罪，就成了很多父母心中最大的疑慮。

嚴格說來，只要帶走小孩的一方以平和的方式帶走孩子，而且之後通知對方，表示孩子現在住處，不要阻絕對方探視孩子或和孩子通電話，在法律上似乎很難以任何刑法處罰藏匿小孩的一方。這樣的結論，往往在法院判准離婚前就會演出一段搶小孩的變奏曲，媒體不就經常報導有父母把小孩送至大陸或國外不讓對方探視小孩，這樣阻絕孩子與父母一方之親情聯繫，對孩子的成長過程及人格養成都會有不良影響，而被阻絕親情之父母一方因為思念孩子的心痛亦讓人鼻酸，此一部份實有待修法解決。當然如果法院已經判定子女監護權的歸屬，這時沒有監護權之一方，對小孩的親權暫時被停止，如果他還執意搶小孩、藏匿小孩，會構成刑法略誘罪，可以處一年以上七年以下的有期徒刑，如果把小孩送出國，那罪就更重，會被處無期徒刑或七年以上有期徒刑。

解答❸：

至於小孩戶籍遷移的問題，原則上，遷移小孩戶籍要得父母雙方同意，但是如果父或母能取得小孩遷出地和遷入地戶長的同意，就不需得到對方同意。一般來講，夫妻之間設戶籍多以先生為戶長，要得到戶長同意等於要得到先生同意，所以很多婦女無法順利遷出小孩戶籍，影響小孩就學，不過，如果您是婚姻暴力受虐者，還是可以向各縣、市政府家庭暴力防治中心尋求協助小孩遷戶籍或辦理未成年子女寄讀手續，解決孩子就學問題，讓受暴者可以毫無後顧之憂訴請離婚。要提醒讀者的是，有些父母為了讓小孩順利就學，就自己拿以前所保管對方的印章、甚至盜刻對方印章，在未得對方同意下私自蓋章，到戶政機關辦理遷戶籍的手續，這可是會觸犯刑法偽造文書的罪嫌，大家千萬不要以身試法喔。

附錄：

遷出登記

申請人

1.本人。

2.戶長。

3.受委託人。

4.利害關係人。

法令依據

1.戶籍法：4、20、42、44、46條1項、47條

2.戶籍法施行細則：12條1項6款、13條1項9款、15條

3.民法及其他相關法令

應繳附書件及注意事項

1.戶口名簿、遷出者國民身分證、印章。

2.新遷入地詳細地址及里鄰名稱資料。

3.遷出戶籍管轄區三個月以上時，應為遷出登記。出境二年以上者應為遷出之登記。

4.委託他人申請者，應附委託書。

註：

1.遷出前國民身分證遺失，應先辦理補證手續，持臨時國民身分證辦理遷出。

2.未成年人子女遷徙應由父母雙方共同為之，父母無法共同申辦時，可以雙方委託他人辦理或由法定代理人一方為之，但應加附他方同意書。

3.出境滿二年人口由戶政所逕為代辦遷出國外登記。（如已入境請持中華民國護照或入境證副本、戶口名簿、身分證、印章向戶政所辦理遷入登記。）

4.戶政資訊電腦化，民眾遷徙直接向遷入地戶政所申請登記，不必返回原戶籍地辦理。（應附當事人原戶籍地戶口名簿、及戶長或本人印章）

申請期限

三十日內。

三、誰是我的繼承人!!

故事內容：

佩恩和博文結婚五年，生了一對雙胞胎青青、文文，兩個人因感情不好離婚，博文帶著青青在台灣生活，佩恩則帶著文文移民到加拿大，當時文文、青青都才二歲多。離婚後博文遇見文華，文華是青青的幼稚園老師，對小孩相當有耐心，因此，博文常和文華交換帶小孩的心得，閒聊之中博文才知道文華已經結婚了，不過先生好吃懶做、也不照顧小孩凱凱，甚至還會打文華和凱凱，文華一個人要養家還要照顧小孩相當辛苦，但是文華觀念很守舊，怕離婚對凱凱造成不良影響，所以一直陷在不愉快的婚姻泥沼，無法自拔，博文相當心疼文華的遭遇，鼓勵文華向婦女團體求助，最後文華勇敢的選擇離婚，或許因為兩人際遇相同，互相瞭解彼此心情，漸漸日久生情，最後踏上紅地毯，兩人攜手相伴，也生了一個女兒小蘋，博文、文華、青青、凱凱加上小蘋一家五口不分彼此，都以父母、子女、兄弟姊妹相稱，相親相愛共度二十餘年，近幾年，因為博文身體不好，文華在想萬一他死了，凱凱是不是可以繼承他的財產，還有博文的女兒文文對他財產是否也有繼承權？每個人應繼分是多少？還有小蘋身體一直不很好，去年結婚生了孩子恬恬之後身體狀況更差，萬一小蘋早博文先走，恬恬對博文的財產有繼承權嗎？

問題：

1. 我的繼承人是誰？
2. 什麼叫做應繼分？
3. 什麼叫做代位繼承？

蔡律師為妳解答：

解答❶：

一般人對於自己繼承人是誰大概都有清楚的認知，民法第一千一百三十八條規定除配偶外，繼承的順序有四種：

第一順序：是直系血親卑親屬：以親等近的為優先，例如被繼承人死亡時有子女、孫子女，就以子女為優先順位，而且不分親生子女、準婚生子女或養子女都一樣有繼承權。

第二順序：是父母：父母對於出嫁的女兒也有繼承權喔。

第三順序：是兄弟姊妹：包括同父異母、同母異父的兄弟姊妹，但不包含堂兄弟姊妹。

第四順位是祖父母：包括外祖父母。

這四個順位的繼承人是具有排他性的，「有一就沒有二」，有先順序繼承人的時候，後順序的繼承人就不能繼承。但是配偶就不一樣了，**配偶在繼承上就有很特殊的地位，原則上他可以和各順位的繼承人共同繼承**，例如，被繼承人死亡時如有子女，配偶就和被繼承人的子女一起成為繼承人，被繼承人死亡時如沒有子女，父母又都去世，配偶就和被繼承人的兄弟姊妹一起成為繼承人。

這裡有一些經常出現的「坊間錯誤觀念」要澄清：

(1)**出嫁的女兒也有繼承權**：很多人以為嫁出去的女兒像潑出去的水，女兒對父母沒有繼承權，這是錯誤的觀念，事實上女兒不管出嫁與否？離婚否？生孩子否？對自己親生父母都有繼承權利，而且應繼分與兒子是一模一樣的。

(2)**繼父母子女相互間沒有繼承權**：繼父母子女間是沒有血緣關係，而是姻親關係，所以，前夫的子女對於繼父沒有繼承權，同樣前妻的子女對於繼母也沒有繼承權。

(3)**胎兒也有繼承權**：原則上繼承人必須在被繼承人死亡時已出生且還未死亡才可以繼承被繼

承人的財產，有問題的是這樣對於胎兒保護並不周全，因此民法第七條及第一一六六條規定只要是在被繼承人死亡時已受胎的胎兒也有繼承權，要保留胎兒的應繼分才可以分割遺產。

(4)**養子女與生父母間沒有繼承權**：養子女一旦被收養與生父母的權利義務關係就暫告停止，所以喪失互相繼承的權利，生父母死亡養子女不能繼承，養子女死亡生父母也不能繼承。

(5)**私生子經認領對於生父的財產有繼承權**：私生子經生父認領後，不管是不是跟著生父姓，對於生父都有繼承權，但對於生父配偶的財產無繼承權。

解答❷：

應繼分簡單的說就是繼承的比例，有指定應繼分和法定應繼分二種，指定應繼分就是被繼承人以遺囑指定遺產分配方式，法定應繼分則隨著繼承人的不同而有變化，以下就簡單說明法定應繼分的計算方式：

(1)配偶和直系血親卑親屬共同繼承時：按繼承人人數平均繼承。例如被繼承人甲死亡時有配偶A，與前妻B生有子女乙、丙、丁，與A生有子女戊、己，另外與女子C生有子女庚，且認領庚，則甲的繼承人有A、乙、丙、丁、戊、己、庚，每人法定應繼分為遺產七分之一。

(2)配偶和父母、兄弟姊妹共同繼承時：配偶的應繼分是二分之一，其餘二分之一由父母或兄弟姊妹按人數均分，例如甲死亡時有配偶乙，甲無子女，父母也雙亡，有兄弟姊妹丙、丁、戊、己，則乙的法定應繼分為遺產的二分之一，丙、丁、戊、己平均分其餘的二分之一，則丙、丁、戊、己的法定應繼分為遺產的八分之一。如果丙拋棄繼承，乙的應繼分維持不變，丁、戊、己平分其餘二分之一，丁、戊、己的法定應繼分為遺產的六分之一。

(3)配偶和祖父母共同繼承時：配偶的法定應繼分是三分之二，其餘三分之一由內、外祖父母按人數均分。

(4)如果被繼承人死亡時只有配偶，沒有直系血親卑親屬、沒有父母、沒有兄弟姊妹、沒有祖父母，那就由配偶一人獨得遺產全部。

解答❸：

代位繼承是指第一順位繼承人中有一人或數人在繼承開始前已經死亡或喪失繼承權時，由其直系血親卑親屬承襲已死亡或喪失繼承權的人，直接繼承被繼承人的遺產，例如甲有妻子乙，子女丙、丁、戊、己。其中丙在甲死亡前已先死亡，但留有子女二人A、B，甲死亡時丙已經無法繼承甲的遺產，由A、B代位繼承丙應繼承的部分，乙、丁、戊、己每人法定應繼分仍為遺產五分之一，A、B一起繼承丙的五分之一即每人法定應繼分為遺產十分之一。

有問題的是，如果丙、丁、戊、己全部都比甲先死亡、拋棄繼承或喪失繼承權，丙有小孩A、B，丁有小孩C、戊有小孩D、E、F，己沒有小孩，甲的繼承人確定是乙、A、B、C、D、E、F，但是A、B、C、D、E、F到底是本於自己繼承權利繼承，還是代位丙、丁、戊、己繼承就有爭議，這會影響到法定應繼分，如果A、B、C、D、E、F是基於自己繼承權利繼承，則每人法定應繼分與乙相同，都是遺產七分之一。如果是基於代位繼承，則乙的法定應繼分為遺產四分之一，A、B為八分之一，C為四分之一，D、E、F則各十二分之一，目前司法實務對此尚無一致見解，仍待判例或解釋統一看法。

附錄：

民事拋棄繼承聲請狀	
案號：	
股別：	
訴訟標的金額：	新台幣○○○元
聲請人 即繼承人	王○○ 身分證字號：A 1 ○○○○○○○○ 男 ○年○月○日生 商 住台北市○路○號 郵遞區號：○○○ 電話：○ 2 － 2 ○○○○○○○
被繼承人	王○○ 身分證字號：A1 ○○○○○○○○ 男 ○年○月○日生 商 住台北市○路○號 郵遞區號：○○○ 電話：○ 2 － 2 ○○○○○○○

為聲請拋棄繼承權，請准予備查事：

聲請人○○○為被繼承人○○○之子（或女或其他），被繼承人○○○於民國○○年○月○日因病去世，聲請人自願拋棄繼承權。除分別通知其他繼承人外，依據民法第一千一百七十四條第二項規定，檢陳戶籍謄本，具狀聲明拋棄繼承權，請准予備查。

此致

證據：戶籍謄本。

臺灣○○地方法院 公鑒

中華民國	○○	年	○○	月	○○	日
				具狀人 ○○○		（簽名蓋章）

四、要怎樣立遺囑？

故事內容：

勤為和美玲結婚十五年，生下三個孩子，勤為和美玲感情很好，後來美玲因為罹患乳癌去世，勤為一個人父兼母職獨立扶養三個孩子成年，看著孩子慢慢長大，勤為心裡也感到相當欣慰，現在三個孩子各有各的事業及家庭，雖然孩子都很孝順，但是，三個孩子都在外工作生活，只有勤為一個人在南投老家居住，勤為覺得很寂寞，很想有一個伴。最近勤為認識一名女子叫麗萍，麗萍也是喪偶的人，有一個孩子還在念國中，麗萍對勤為很照顧，兩個人志趣相投，一起耕田種菜，遊山玩水，勤為對麗萍的孩子也相當疼愛，供給孩子生活花費，南投民風純樸，勤為和麗萍同居一年多，勤為認為不能對麗萍沒有交代，可惜的是，勤為的三個孩子對於勤為的第二春不是那麼贊同，他們總認為麗萍是為了利用勤為、讓勤為花錢養麗萍的孩子，甚至要取得勤為的財產，勤為夾在孩子和麗萍之間非常為難，麗萍也表示可以拋棄繼承權，可是勤為覺得這樣太委屈麗萍，聽說可以用立遺囑的方式分配遺產，但是不知道要怎樣立遺囑？一旦立了遺囑之後可以更改嗎？

問題：

1. 要怎樣立遺囑？
2. 遺囑的效力都一樣嗎？
3. 可以更改遺囑嗎？

蔡律師為妳解答：

解答❶：

剛當律師的時候很少有人要找律師立遺囑，要建議當事人立遺囑前都要謹慎思考遺詞用字，深怕當事人認為律師在觸霉頭，但是幾年過去了，越來越多當事人到事務所主動詢問立遺囑的細節。其實，天有不測風雲，人有旦夕禍福，能隨時做好「身後」準備，對自己、對繼承人都有完善的交待，未嘗不是一件好事。問題是要怎樣立遺囑呢？

民法規定立遺囑的方式分別有五種，分別為自書遺囑、公證遺囑、密封遺囑、代筆遺囑及口授遺囑，簡單介紹如後：

(1)自書遺囑：就是立遺囑人要自己書寫遺囑全文，記明寫遺囑的年月日，然後親自簽名，如果遺囑內容有增加、刪除、塗改，應註明增減、塗改之處所及字數，另外再簽名。

(2)公證遺囑：就是立遺囑人要指定二人以上的見證人，一起在公證人面前由立遺囑人口述遺囑內容，由公證人筆記、宣讀、講解，經遺囑人認可後，記明年月日，由公證人、見證人及遺囑人一起簽名。遺囑人不能簽名時，由公證人將不能簽名的事由記明，由立遺囑人以按指印代替。

(3)密封遺囑：也是由遺囑人自書遺囑全文，在遺囑上簽名後，將其密封，然後在封縫處簽名，指定二人以上之見證人，向公證人提出，並陳述該遺囑是遺囑人自己寫的遺囑，如果不是遺囑人本人自寫，還要陳述寫遺囑人的姓名、住所，由公證人於封面記明該遺囑提出之年、月、日及遺囑人所為的陳述，由公證人與遺囑人及見證人一起簽名。

(4)代筆遺囑：這是由遺囑人指定三人以上之見證人，由遺囑人口述遺囑意旨，由見證人中之一人筆記、宣讀、講解，經遺囑人認可後，記明年月日，及代筆人之姓名，由見證人全體及遺囑人一起簽名，遺囑人不能簽名者，應按指印代之。

(5)口授遺囑：這只有在遺囑人因生命危急或其他特殊情形，不能依其他方式為遺囑者，得依下列方式做口授遺囑：

a.由遺囑人指定二人以上之見證人，並口授遺囑意旨，據實作成筆記，並記明年、月、日，與其他見證人同行簽名。

b.由遺囑人指定二人以上之見證人，並口述遺囑意旨、遺囑人姓名及年、月、日，由見證人全體口述遺囑為真正及見證人姓名，全部予以錄音，將錄音帶當場密封，並記明年、月、日，由見證人全體在封縫處同行簽名。

要注意的是，遺囑的見證人必須是成年人，但是不能是禁治產人、也不能是繼承人及其配偶或其直系血親、受遺贈人及其配偶或其直系血親、或為公證人或代行公證職人之同居人、助理人或受僱人。

解答❷：

既然民法規定有五種立遺囑的方式，只要符合前面所敘述立遺囑的方式，遺囑當然都有效，沒有哪一種遺囑比較有效的問題。

要注意的是口授遺囑只有在生命危急及或其他特殊情形下，不能依其他方式作遺囑時才可以做口授遺囑，一旦遺囑人可以用其他方式作遺囑時（例如病危後病情好轉日趨穩定）起經過三個月，原來的口授遺囑就自動失效。

還有，自書遺囑方式最簡單，費用最省，也最保密，但是自書遺囑人沒有見證人，將來繼承人對於遺囑真正性有爭議（例如太太認為遺囑是先生寫的，孩子認為遺囑不是爸爸筆跡），就必須經過訴訟、鑑定筆跡等方式確認遺囑的真實性，將來不免複雜麻煩些，所以，筆者建議如果要用自書遺囑的方式寫遺囑，不妨多找一個在場見證人或錄音、錄影存證，以免將來「死無對證」，禍延子孫纏訟。

解答❸：

立遺囑後，立遺囑人可以隨時撤回遺囑全部或一部分內容，但是因為立遺囑要一定的方式，撤回遺囑當然也要依遺囑方式來做，不過不一定要與原來立遺囑相同的方式。

例如，原來以自書方式立遺囑，撤回遺囑可以以公證、自書、代筆遺囑等都可以，但是應該明白寫清楚撤回原遺囑哪些部分，以杜爭議。如果一個人立多份遺囑，內容有抵觸時，原則上後遺囑優先於前遺囑，就是抵觸部分前遺囑視為撤回，不抵觸部分，前後遺囑都有效力。

另外，如果遺囑人故意破毀、塗銷遺囑，或在遺囑上記明廢棄該遺囑，這份遺囑也視為撤回，不發生遺囑效力。

附錄：

遺囑

立遺囑人○○○（民國○○○年○○月○○○日生，身份證字號：○○○），訂立遺囑如下：

一、本人之遺產由本人之配偶○○○（民國○○○年○○月○○○日，身份證字號：○○○）、所生長子○○○（民國○○○年○○月○○○日，身份證字號：○○○）、長女○○○（民國○○○年○○月○○○日，身份證字號：○○○）繼承，每人應繼分各為○分之一。

二、本人名下之不動產、動產及其他一切有財產價值之權利包括但不限於：

（一）本人所有座落於台北市　段　小段　地號及其上建號　　之房地，暨門牌號碼：○○○。

（二）本人所有座落於台北市　段　小段　地號及其上建號　　之房地，暨門牌號碼：○○○。

（三）本人所有於○○○○銀行之存款。

（四）本人在○○○股份有限公司開設之集保帳戶內所有之股票（帳號：○○○）。

三、本人指定本件遺囑第一順位執行人為○○○（民國○○○年○○月○○○日，身份證字號：○○○）。如第一順位執行人有法律上或事實上原因不能執行時，則由第二順位執行人○○○（民國○○○年○○月○○○日，身份證字號：○○○）執行本遺囑。

四、本件遺囑第一順位保管人為○○○（民國○○○年○○月○○○日，身份證字號：○○○）。如第一順位保管人有法律上或事實上原因不能保管時，則由第二順位保管人○○○（民國○○○年○○月○○○日，身份證字號：○○○）保管。

立遺囑人：○○○

身份證字號：○○○

出生年月日：民國○○○年○○月○○○日

住　　址：○○○

見　證　人：○○○

身份證字號：○○○

住　　址：○○○

中華民國　九十○　年　○○　月　○○　日

消費保障

Expenditure

- 借錢給別人要怎樣確保權益？
- 為何要簽定書面的租賃契約及約定租賃期間？
- 如何要求房客遷離？除房租外可否要求其他賠償？
- 會首冒標觸犯何罪？會首避不見面，可以要求死會的會員付錢嗎？
- 產品有問題時，消費者可以主張哪些權利？
- 行程表上住五星級飯店，現在只住四星級飯店，可以請求賠償嗎？
- 臨時不能去，旅客可以要求退費或把權利讓給別人嗎？

一、還我錢來

故事內容：

阿莉今年已經六十八歲了，二十歲出頭就與同為公務員老公結婚，兩人四十多年的公務員生活，靠著固定的薪水，從早期的清苦日子一路過來，現在子女長大有自己的事業，阿莉也累積了不少積蓄，現在阿莉名下除有不動產外，與老公一起退休時所領的退休金讓二人後半輩子不僅不虞匱乏，更可過著舒適的生活。阿莉退休前即曾小額在股市進出，退休後生活清閒更讓阿莉有時間跑跑證券公司。小華是阿莉在證券公司認識的新朋友，外表打扮的光鮮亮麗的她對股市走勢常有一番見解，講來似乎頭頭是道，偶而對阿莉透漏一些所謂的內線消息，要阿莉跟著一起買，也多半讓阿莉有所收穫，阿莉起先還對她存有戒心，但一、二年下來漸漸覺得小華值得信任。一日，小華找來一位自稱是陳先生的男子對阿莉說，這位陳先生是經營鋼鐵業的大老闆，因國際鋼鐵價格變動劇烈，導致他的公司發生虧損，陳先生現在急需資金以供調度，如果阿莉可以將錢借給陳先生週轉，陳先生願意付給阿莉高額的利息，陳先生可以連同利息先開票給阿莉，如果阿莉覺得還是信不過陳先生，小華自己也願意在票的背面背書以示負責，甚至開本票也可以。阿莉心想如此重大的事，最好能與律師商量，看看應該採取哪些步驟才能妥善地保護自己的權益。

問題：

1. 借錢給別人要怎樣確保自己權益？
2. 本票和支票有何差異？
3. 如果債務人欠錢不還時，可以採取哪些途徑以保護自己的權益？

蔡律師為妳解答：

解答❶：

金錢借貸是常見的法律行為，從朋友間的解囊相助，到向銀行申辦貸款，這些都是屬於金錢借貸行為。民法上，金錢的借貸並不是要式行為，換言之，借貸並非一定要簽定借據才能成立，只要當事人約定，一方把錢交給他方，他方將來還錢即可。但司法實務上因為相信朋友或親屬，未簽立借據即將金錢借給別人，後來債務人賴皮否認不肯還錢的案例實在是不勝枚舉，因此，為保障自己的權益，在借錢給別人時，最好要求對方簽立借據，**借據上應載明債權人及債務人之姓名、住址；借款之金額；還款的期限；如有約定利息，有關利息計算的方式；如果有保證人，保證人的姓名及住址；以及書立借據的日期等事項，最重要的是**

要特別註明借款人在何時已確實收到借款無誤，最後再由雙方及保證人簽名蓋章，如此才能避免將來訴訟上的風險。

金錢借貸，如果依照是否有擔保來分類，可以分為無擔保借款及擔保借款二種：無擔保借款係指借款人除以自己的信用外，沒有提供任何擔保來保證將來的還款，此種借款單靠借款人的信用為憑，一旦借款人的信用產生變化時即可能產生風險，將來到期不獲清償的風險自然也最高。

擔保借款係指借款人除其信用外，尚提供特定的擔保以保證其將來的還款。此處的**擔保可分為人保及物保二種，人保即是提供第三人以保證或票據背書等方式作為還款的保證**，如果借款人到期不還時，債權人即可再請求該第三人清償，此種方式與無擔保借款比起來，風險當然較低，但也要看提供保證之人的財力如何，如果保證人財力亦不佳，那對於降低風險也沒有太大的效果。提供人保時最好註明是與借款人負連帶責任，如此可以省去要先向借款人本人追償，待向本人追償沒有結果後才能再向保證人追償的麻煩。**物保係指借款人或第三人提供物品以作為將來還款的擔保**，此種物品包括不動產設定抵押權、動產設定質權或依動產擔保交易法設立動產抵押權等等。提供物保的借款縱使借款人將來不還錢，債權人也可以拍賣相關物品抵債，如果物品的價值超過借款的金額，對債權人的保障更是周全。

解答❷：

在借款時，常常可以看見借款人開立支票或本票作為還款的方法，現在就來說明本票和支票的要件以及它們的法律效力：首先說本票，本票是指發票人簽發一定的金額，在指定的期日，由自己無條件支付該等金額給受款人或執票人的一種票據。**本票必須由發票人簽名或蓋章，記明：⑴表明其為本票的文字；⑵一定的金額；⑶受款人的姓名或商號；⑷無條件擔任支付；⑸發票地；⑹發票年月日；⑺付款地；以及⑻到期日**。以上事項，如果沒有記載到期日時，就視為見票即付；如果沒有記載受款人時，就視為以執票人為受款人；如果沒有記載發票地時，就以發票人的營業所或住居所為發票地；如果沒有記載付款地，就以發票地為付款地。但表示為本票的文字、本票金額、發票日以及發票人的簽名蓋章是強制必須記載的事項，如果沒有記載，本票就無效。

支票指發票人簽發一定的金額，委託金融業者於見票時，無條件支付予受款人或執票人的票據。就有發票人之簽名蓋章、記載一定的金額、受款人姓名或商號、發票地、發票年月日及付款地而言，支票與跟本票皆是一樣，不同的是，支票上需有表明為「支票」文字，且因支票係發票人委託金融業者支付，故支票須記載委託金融業者的名稱及無條件支付之委託，又，法律上，支票僅作為支付的工具，故理論上支票全部都是見票即付的，無到期日可言，換言之，支票一簽出來就要付款，不像本票可設定將來的到期日，惟因國人交易習慣，多將支票發票日設定為將來的日期，此種遠期支票的法律效力為我國司法實務所承認。

支票在支付上有其方便性，債權人取得借款人開立的支票後，無須再向借款人請求付款，轉而向銀行等金融機構請求，只要借款人的支票存款帳戶（一般或稱甲存帳戶）有足夠的金額，即可取得款項。本票原則上還是要向發票人請求付款，本票的好處是如果本票發票人於到期日後，未依執票人提示付款之請求為付款時，執票人可以直接憑本票向法院聲請准予強制執行的裁定，取得裁定及裁定確定證明後就可以向法院的民事執行處聲請強制執行發票人的財產，這種聲請本票准予強制執行的程序一般僅需書面作業，不需要開庭，跟憑借據提起民事訴訟所需花費冗長的時間比起來，實在便利許多，而且在裁判費上也較低廉，是一種對執票人相當有利的制度。

最後要提醒讀者的是，本票和支票的請求權時效都比借貸關係為短。依照民法的規定，**借貸的借款返還請求權的請求權時效有十五年，本票及支票對發票人之請求時效則各只有三年及一年而已**，因此，在取得此類票據後，應特別注意其時效，以免權利受到影響。

解答❸：

債權人如果遇到借款人到期不還款時，法律上可以在取得有執行力的執行名義（如確定的判決、支付命令或本票准許強制執行之裁定等）後，向法院的民事執行處聲請強制執行借款人的財產，包括動產、不動產、薪水、股票等都可以執行。此種強制執行的程序一般均冗長，特別是聲請拍賣借款人的不動產，甚至有拖延數年還未解決的情形，而且如果借款人名下沒有財產時，根本無法進行，因此，坊間亦有俗稱討債公司的財務管理公司代人催收帳款。但此種公司良莠不齊，債權人如迫不得已要利用時，一定要加倍的小心。

附錄：

借　據

茲向莊○○小姐借款新台幣壹佰萬元整，上開款項已於民國○○年○○○月○○○日經立據人全數收訖無誤，不另立收據，利息按年利率百分之拾貳計算，立據人必於民國○○年○○月○○日以前清償本利，恐口說無憑特立此據為證。

此致　莊○○小姐

立　據　人：蔡○○（簽章）

身份證字號：○○○○○○○○○○○

地　　　址：○○○○○○○○○○○

中華民國　○○○　年　○○○　月　○○○　日

二、買賣房屋要注意哪些問題？

故事內容：

阿寶與阿真在十年前結婚，當時兩人買了一間三十坪的新屋作為愛巢，十年後因為兩人生的兩名子女已逐漸長大，三十坪的空間已感不敷使用，阿寶與阿真決定將現在的房屋賣掉，再買一間五十坪左右的房子。阿寶與阿真原本想自己賣屋，但是兩人都有工作，實在難以抽空再處理這些事，因此兩人就決定委託房屋仲介公司賣屋。經過一番詢問比較後，阿寶與阿真決定委託某知名的房屋仲介公司，以最低九百萬元之價格，將舊屋出售。經過了一個多月，房屋仲介公司的人員打電話給阿真，宣稱他已經找到合意的買主，但是買主只願出價八百二十萬元，房屋仲介公司的人員說他已經努力很久了，希望阿真同意降價好讓他有業績。阿真起先不同意，但仲介公司的人員連續幾天來訪，有時甚至說到半夜，最後阿寶受不了仲介公司人員的疲勞轟炸，在第五天的晚間十二點多變更委託條件為八百二十萬元，仲介公司人員才高興離去。仲介公司人員離去後，阿真就覺得後悔，馬上打電話通知仲介公司人員要取消委託，誰知竟然沒有人接電話，到了早上十點多，仲介公司人員主動打電話通知說買方已經決定要買，而且已經開立一百萬元的訂金支票，如果阿真不賣，就要賠償一百萬元，阿真該怎麼辦？

問題：

1. 買賣房屋應該注意的事項有哪些？
2. 房屋仲介經常發生的問題有哪些？
3. 訂金在法律上的效力如何？

蔡律師為妳解答：

解答❶：

「房事」是人生大事，不但交易金額很大，其影響力甚至可以延及後代子孫，因此，每個人都應具備買賣房屋最基本的法律知識，才不會為人所騙，損失大筆金錢。在一般人的觀念中，房屋買賣，標的似乎僅有房屋一項，但因為房屋必定座落於土地上，所以在**房屋買賣契約中，它的標的實際上會有土地及房屋兩個部分**。土地及房屋在法律上同屬不動產，因此關於不動產的法律規定對此二者均有適用，包括：不動產所有權的移轉必須簽定書面契約（參照民法第七百六十條）、不動產所有權因買賣而變更者，非經辦完所有權移轉登記，不生效力（參照民法第七百五十八條及土地法第四十三條參照）等等。至於兩者比較重要的不同點則是：**土地所有權因買賣而移轉時要繳土地增值稅，房屋所有權因買賣而移轉時要繳契稅；土地增值稅法律規定是由賣方負擔，而契稅是由買方負擔**，但這並不影響當事人間為相反的約定。

依據法院實務的見解，買賣房屋在雙方達成合意後即告成立，買方及賣方負有做成書面契約及辦理所有權移轉登記的義務，無法任意解除，否則會有違約損害賠償的問題，因此，在與對方達成合意之前，應該仔細考量合約條件（包括價錢、屋況等）是否均合己意，否則寧可再多看多想，也不要冒然決定。更重要的是，購買房屋之前，一定要詳細查明房屋法律上及事實上的情況，包括：

(1)查看土地及建物登記謄本以了解賣方是否具有出售該等不動產的權利（筆者曾經碰過有當事人僅是房屋數名共有人之一，但因不知法律竟稱自己有權可以不經其他共有人同意，直接出售房屋）

(2)房屋原先的抵押權或其他權利是否能順利塗銷

(3)房屋是否先前有出過事（如刑案或自殺等）

(4)房屋現在是否有人居住其中是否能夠順利點交

(5)房屋是否有漏水、樓板脫落、輻射鋼筋或海砂屋等瑕疵

因為筆者先前曾數次處理過此種案例，對當事人而言，有些根本無法構成法律上解除契約的事由，只能自認倒楣，有些深為冗長的訴訟程序所苦，縱然最後權利得以伸張，但也脫了好幾層皮，還要付出律師費，這些都還不如事先多打聽、多查看來的省錢省事。此外，購買房屋在交屋前，一定要再一次徹底檢查屋況，如果發現有先前未見的瑕疵還可以再與賣方溝通協議解決之道，切莫偷懶省去這個動作最後導致將來雙方爭執瑕疵是何人造成的、應由何人負責等。

解答❷：

現代社會講求專業分工，各式各樣的新型服務也就應運而生，房屋買賣仲介雖然不是最新的，但也是在近二十年來才逐漸興起擴大，現在的房屋買賣，大多是透過房屋仲介公司，少有自己出售了。由於現在的房屋仲介公司經常在電視上大做廣告，使人以為街上掛著

某某房屋仲介公司招牌的都是屬於同一公司旗下，但事實上這裡面很多都只是所謂的加盟店，與廣告的房屋仲介公司間並沒有直接關係，而且現在的仲介人員的品質可說是良莠不齊。固然有很多會照顧委託人權益的好的仲介人員，但也有很多只顧自己的業績及佣金，只求將委託的房屋賣出去，而不管委託人是否真正受益，因此，如果讀者需委託房屋仲介公司代為買賣房屋時，不能完全相信電視的廣告中房屋仲介人員完美的形象，對於房屋仲介人員所說的話還是要謹慎查證，尤其是對於某些會死纏爛打的房屋仲介人員，委託人一定堅持自己的原則，如果價錢無法接受，就直接清楚地向仲介人員說不，也無須接受其一再糾纏，如果其有不當的行為，可以立即告知房屋仲介公司要求換人處理，否則一旦表示願意接受變更價格後，而買賣的對方也表示同意時，契約就已經成立，這時候雙方就必須接受契約的拘束，無法再任意改變。

其次，委託房屋仲介公司出售房屋時，常於仲介契約中定有委託期限，規定在期限前不得自賣或提前終止，否則須賠償云云，然而，依法而言，該等仲介契約本來就可以隨時終止，只是不應以使房屋仲介公司喪失報酬請求權之目的而為之，因此，如果覺得房屋仲介公司的服務不滿意或想變更委託價格時，都可以直接向房屋仲介公司表明要終止或變更原仲介契約，而不須要附任何理由。

另外，在**委託房屋仲介公司買屋時，現行制度下有所謂「斡旋金制」及「要約書制」兩種**。斡旋金制是我國房屋仲介業者自創的非典型契約，由於法律上並未明確規定斡旋金的性質，以致常因委託人與房屋仲介業者對斡旋金認知不同而產生爭議，包括斡旋金契約可否單方撤銷及如何認定房屋仲介業者已完成斡旋等等。因為斡旋金制存有種種流弊，內政部特別制定了所謂的要約書制，由買方簽立購買房屋之條件之要約書交給房屋仲介業者，取代給付斡旋金，如果屋主同意要約條件時，買賣即告完成，買賣雙方即負有簽訂進一步書面契約之義務。由於內政部對於要約書的內容定有範本供參考，讀者如有需要，可上內政部的網站查詢，俾確保自身的權益。

解答③：

給付定金已成為交易的常態，**對於定金的性質，一般而言，可分為成約定金（以定金之交付作為契約成立的一項要件）、證約定金（以定金之交付作為契約成立的證明）、違約定金（如果交付定金的一方不履約，他方可以沒收定金）、解約定金（以定金作為解除契約的代價）及立約定金（以定金作為成立契約的擔保）等五種，但其作為確保契約效力的功能則相似。但不論如何，讀者在交付或接受定金前，一定要再謹慎地詳閱契約的內容，如有不懂，可向律師或其他專業人士詢問，以免後來覺得不妥時需付出高額的代價。

附錄：

成屋買賣契約書範本

立契約書人茲為下列成屋買賣事宜，雙方同意簽訂本契約，協議條款如下：

第一條　買賣標的

成屋範本

成屋標示及權利範圍：已登記者應以登記簿登載之面積為準。

土地標示	土地坐落（　　縣　　市）				面　　積				權利範圍	使用分區種類或編定地種類	備註
	鄉鎮市區	段	小段	地號	公頃	公畝	平方公尺	平方公寸			

建物標示	建號	建物門牌（　　縣　　市）								建物面積（平方公尺）											權利範圍	用途	共同使用部分建號	應有部分面積	備註
		鄉鎮市區	路	街	段	巷	弄	號	樓		層	層	層	層	層			合計	用途	面積（平方公尺）					

本買賣範圍包括共同使用部分之應有部分在內，房屋現況除水電、門窗及固定設備外，買、賣雙方應於建物現況確認書互為確認（附件一），賣方於交屋時應維持原狀點交。

第二條　價款議定

本買賣總價款為新台幣＿＿＿＿＿＿＿＿元整。土地、建物及車位價款分別如下：

一、土地價款：新台幣＿＿＿＿＿＿＿＿元整。

二、建物價款：新台幣＿＿＿＿＿＿＿＿元整。

三、車位價款：土地部分新台幣＿＿＿＿＿元整。

建物部分新台幣＿＿＿＿＿＿＿＿元整。

第三條　付款約定

買方應支付之各期價款，雙方同意於＿＿＿＿＿＿（地址：＿＿＿＿＿＿＿＿＿＿＿＿），

以 □各該期付款日當天之即期支票 □現金 交付賣方。

付款期別	約定付款金額	應同時履行條件	備註
簽約款	新臺幣＿＿＿＿＿＿元	於簽訂本契約同時由買方支付之（本款項包括已收定金＿＿＿＿元）	
備證款	新臺幣＿＿＿＿＿＿元	於＿＿＿年＿＿＿月＿＿＿日，賣方備齊所有權移轉登記應備文件同時，本期價款由買方支付之。	
完稅款	新臺幣＿＿＿＿＿＿元	於土地增值稅、契稅稅單核下後，經＿＿＿＿＿通知日起＿＿＿日內，本期價款由買方支付之；同時雙方應依約繳清稅款。	
交屋款	新臺幣＿＿＿＿＿＿元	□無貸款者，於辦妥所有權移轉登記後，經＿＿＿＿通知日起＿＿日內，本期價款由買方支付之。同時點交建物。 □有貸款者，依第四條約定。	

賣方收取前項價款時，應開立收據交買方收執。

第四條　貸款處理之一

買方預定貸款新臺幣＿＿＿＿＿＿＿＿＿＿＿＿元抵付部分買賣價款，並依下列規定辦理貸款、付款事宜：

一、買方應於交付備證款同時提供辦理貸款必備之文件及指定融資貸款之金融機構；未指定者，得由賣方指定之。

二、貸款金額少於預定貸款金額時，應依下列方式處理：

（一）核貸金額不足抵付時，買方應於貸款核撥同時以現金一次補足。

（二）因可歸責於買方事由，致貸款無法獲准時，買方應於＿＿＿＿＿＿通知日起十日內以現金一次付清或經賣方同意分期給付。

前項貸款因金融政策變更或其他不可歸責買方之事由而無法辦理貸款時，除本契約另有約定外，雙方同意解除契約，賣方應將已收之價款無息退回買方。

賣方因債務關係提供本買賣標的物設定之抵押權，其所擔保之未償債務（金額：新臺幣＿＿＿＿＿＿元），依下列約定方式處理：

☐賣方應於交付交屋款前清償並塗銷抵押權。

☐買方承受者，雙方應以書面（附件二承受原貸款確認書）另為協議並確認承受日期、承受貸款金額並自價款中扣除，承受日前之利息、遲延利息、違約金由賣方負擔，自承受日起之利息由買方負擔。

☐（買賣雙方自行約定）＿＿＿＿＿＿＿＿＿＿＿＿＿＿＿＿＿＿＿＿＿＿＿＿。

第五條　貸款處理之二

買方應於交付完稅款同時開立與未付價款同額且註明「禁止背書轉讓」之本票（號碼：＿＿＿＿＿＿）或提供相當之擔保予賣方；買方並應依＿＿＿＿＿通知之日期親自完成辦理開戶、對保並授權金融機構將核貸金額逕予撥入賣方指定之帳戶或由＿＿＿通知雙方會同領款交付，賣方收受該價款時應將本票返還買方或解除擔保。買方未依約交付未付價款，經催告仍拒絕履行者，賣方得行使本票或擔保權利。

第六條　產權移轉

雙方應於備證款付款同時將移轉登記所須檢附之文件書類備齊，並加蓋專用印章交予＿＿＿＿＿專責辦理。

本件所有權移轉登記及相關手續，倘須任何一方補繳證件、用印或為其他必要之行為者，應無條件於＿＿＿＿＿通知之期日內配合照辦，不得刁難、推諉或藉故要求任何補貼。

買方於簽約時如指定第三人為登記名義人，應於交付必備文件前確認登記名義人，並提出以第三人為登記名義人聲明書（附件三），該第三人 □同意 □不同意 應在該聲明書上簽名。第三人與本契約買方所未履行之債務負連帶損害責任。

辦理所有權移轉時，除本契約另有約定外，依下列方式辦理：

一、申報移轉課稅現值：

□以本契約第二條之土地及建物價款申報。

□以　年度公告土地現值及建物評定現值申報。

二、公定契約書買賣價格：

□以本契約第二條之土地及建物價款申報。

□以　年度公告土地現值及建物評定現值申報。

三、賣方若主張按自用住宅用地優惠稅率課徵土地增值稅時，應於契約書內（附件四：按優惠稅率申請核課土地增值稅確認書）另行確認後，據以辦理之。

第七條　稅費負擔

本買賣標的物應繳納之地價稅、房屋稅、水電費、瓦斯費、管理費、公共基金等稅費，在土地、建物點交日前由賣方負責繳納，點交日後由買方繳納；前開稅費以點交日為準，按當年度日數比例負擔之。

辦理產權移轉時、抵押權設定登記應納之印花稅、登記規費、火災保險費、建物契稅等由買方負擔。

土地增值稅由賣方負擔；如有延遲申報而可歸責於買方之事由，其因而增加之土地增值稅部分由買方負擔。

簽約前如有已公告徵收工程受益費應由賣方負責繳納。其有未到期之工程受益費

□由買賣繳納者，買方應出具續繳承諾書。

□由賣方繳清。

本買賣契約有關之稅費、代辦費，依下列約定辦理：

一、簽約費

二、所有權移轉代辦費新臺幣＿＿＿＿＿＿＿＿＿＿元

□由買方負擔。

□由賣方負擔。

□由雙方當事人平均負擔。

三、如辦理公證者，加收辦理公證之代辦費新台幣＿＿＿＿＿＿＿＿元

□由買方負擔。

□由賣方負擔。

□由雙方當事人平均負擔。

四、公證費用

□由買方負擔。

□由賣方負擔。

□由雙方當事人平均負擔。

五、抵押權設定登記或抵押權內容變更登記代辦費新台幣＿＿＿＿＿＿＿＿元

□由買方負擔。

□由賣方負擔。

□由雙方當事人平均負擔。

六、塗銷原抵押權之代辦費新台幣＿＿＿＿＿＿元，由賣方負擔。

七、如有其他未約定之稅捐、費用應依有關法令或習慣辦理。

前項應由賣方負擔之稅費，買方得予代為繳納並自未付之價款中憑單抵扣。

第八條　點交

本買賣成屋，應於□尾款交付日
□貸款撥付日
□______年____月____日

由賣方於現場點交買方或登記名義人，賣方應於約定點交日前搬遷完畢。點交時，如有未搬離之物件，視同廢棄物處理，清理費用由賣方負擔。

關於本買賣標的物如有使用執照（或影本）、結構圖及管線配置圖或使用現況之分管協議、住戶規約、大樓管理辦法、停車位使用辦法、住戶使用維護手冊等文件，賣方除應於訂約時將其情形告知買方外，並應於買賣標的物點交時一併交付予買方或其登記名義人，買方或其登記名義人應繼受其有關之權利義務。

賣方應於點交前將原設籍於本買賣標的之戶籍、公司登記、營利事業登記、營業情形等全部遷離。其如未如期遷離致買方受有損害者，賣方負損害賠償責任。

第九條　擔保責任

賣方擔保本標的物產權清楚，並無一物數賣、被他人占用或占用他人土地等情事，如有出租、設定他項權利或債務糾紛等情事，賣方應於完稅款交付日前負責理清，但本契約另有約定者，從其約定。

有關本標的物之瑕疵擔保責任，悉依民法及其他有關法令規定辦理。

第十條　違約罰則

賣方違反前條第一項約定，致影響買方權利時，買方得定相當期限催告賣方解決，逾期仍未解決者，買方得解除本契約。解約時賣方除應將買方已付之房地價款並附加法定利息全部退還買方外，並應按房地總價款百分之十五支付違約金。但該賠償之金額超過已付價款者，則以已付價款為限，買方不得另行請求損害賠償。

買方逾期達五日仍未付清期款或已付之票據無法兌現時，買方應按逾期期款部分附加法定利息於補付期款時一併支付賣方，如逾期一個月不付期款或遲延利息，經賣方以存證信函或其他書面催告，經送達逾七日內仍未支付者，賣方得解除契約並沒收已付價款充作違約金，但所該沒收之已付價款以不超過房地總價款百分之十五為限，賣方不得另行請求損害賠償。

除前二項之事由應依本條約定辦理外，因本契約所生其他違約事由，依有關法令規定處理。

第十一條　其他約定

履行本契約之各項通知均應以契約書上記載之地址為準，如有變更未經通知他方或＿＿＿＿＿＿，致無法送達時（包括拒收），均以第一次郵遞之日期視為送達。

因本契約發生之爭議，雙方同意

□依仲裁法規定法行仲裁。

□附專屬管轄外，以雙方不動所在地之法院為第一審管轄法院。

本契約所定之權利義務對雙方之繼受人均有效力。

建物被他人占用之情形：

占用他人土地之情形：

出租或出借情形：

第十二條　契約分存

本契約之附件及廣告為本契約之一部分。

本契約如有未盡事宜，依有關法令、習慣及誠實信用原則公平解決之。

本契約壹式兩份，雙方各執乙份為憑。副本由__________留存。

立契約人

買　　　　　　方：　　　　　　　　　　簽章
國民身分證統一編號：
地　　　　　　址：
電　　　　　　話：

賣　　　　　　方：　　　　　　　　　　簽章
國民身分證統一編號：
地　　　　　　址：
電　　　　　　話：

見證人
姓　　　　　　名：　　　　　　　　　　簽章
國民身分證統一編號：
地　　　　　　址：
電　　　　　　話：

姓　　　　　　名：　　　　　　　　　　簽章
國民身分證統一編號：
地　　　　　　址：
電　　　　　　話：

中　華　民　國　　　　　　年　　　　　　月　　　　　　日

三、房屋租賃應注意事項

故事內容：

阿蘭的父母生前留給她一間店面，阿蘭利用店面經營小吃生意賺取子女生活費用，但隨著阿蘭年紀漸長，阿蘭在體力上已無法獨立經營小吃店，而且孩子都長大成人有正常的工作，生活無虞，阿蘭已不需再經營生意貼補家計，因此她把小吃店轉租給大城經營，阿蘭在文具店買了一本一般的租賃契約範本，在空白處填上租賃期間為一年，每月租金一萬元，由雙方簽名蓋章，阿蘭並向大城收取二個月的押租金，但未辦理租約公證。第一年租約到期後，阿蘭又再跟大城簽約，租期同樣是一年，大城每月都有按時交租金。於租約再次到期時，阿蘭心想大城每月都有按時交房租，反正現在景氣不好，也不可能調漲房租，有沒有簽約應該無所謂，就沒有再跟大城簽定書面契約，但大城還是每月親自將房租送給阿蘭。如此直到第五年的五月，那個月大城並沒有將房租拿給阿蘭，阿蘭想也許大城生病了，一時不方便拿，過幾天應該會拿來，且自己不缺用錢，因此沒有放在心上。時間很快過了三個月，大城都沒有把錢拿來，阿蘭才覺得不對勁，決定親自到店面看一下，到店面後才發現大城早已不知去向，留下店裡的桌椅、冰箱及一堆垃圾，又因大城多月未繳水電費，該店面已遭斷水斷電，阿蘭該怎麼辦？

問題：

1. 為何要簽定書面的租賃契約及約定租賃期間？
2. 租約公證有何好處？
3. 何種條件可要求房客遷離？除房租外可否要求其他賠償？
4. 出租之房屋如有損壞應由何人負責？

蔡律師為妳解答：

解答❶：

房屋租賃是社會上最常見之幾種契約之一，也常常產生糾紛，雖然法律（民法第四百二十二條）僅規定不動產租約如期間超過一年時，應訂立書面契約，未訂立書面契約者則視為不定期間之租賃，而未強制要求契約雙方一定要簽訂書面的租賃契約，但如僅以口頭約定而未將條款寫明，將來很有可能在爭議發生時因無法舉證而無法確保自己原有之權益。

一般租賃契約書面應記載之內容，除租金金額、租賃期間及其他坊間範本皆有之事項外，最好再註明使用之限制例如不得作為違法或危險用途之使用，否則由使用者負完全之責任、對於得否轉租、房屋修繕義務應由何方負擔、相關稅捐及水電費應由何方負擔、契約終止時雙方之權利義務以及如承租人積欠房租時，出租人可否逕就其留置於租賃物內之財產取償等事項也應該事先做明確約定，以達迅速確實保障權益的效果。

租賃契約，在法律上可分為定有期間之租賃及不定期間之租賃二種。定有期間之租賃表示租賃契約原應於期間屆滿時終止，但為免無益的爭論，法律特別規定（民法第四百五十一條）租賃期限屆滿後，如承租人仍繼續使用租賃物，而出租人不立即為反對之意思者，即視為當然轉成不定期間之租賃。

原本民法對於不定期間之租賃是規定除有有利於承租人之習慣外，雙方皆得隨時終止契約，但為保護承租人，土地法第一百條又特別規定在房屋租賃之情形，除非出租人有下列情形之一者，否則不得收回房屋：(1)出租人收回自住或重新建築；(2)承租人違反民法第四百四十三條第一項之規定，轉租於他人；(3)承租人積欠租金額，除以擔保金抵償外，達二個月以上；(4)承租人以房屋供違反法令之使用；(5)承租人違反租賃契約；及(6)承租人損壞出租人之房屋或附著財物，而不為相當之賠償。土地法前開規定是民法的特別規定，要優先適用，如此一來就限制出租人終止租賃契約的權限，對出租人而言相對不利，因此，房屋出租人最好在契約中約定租賃期限，在租賃期限屆滿前，如果想再和承租人續約，必須再另訂書面契約，並註明下一次的期限，千萬不要嫌麻煩，否則將來可能發生必須繼續出租而無法收回房屋的情形。

解答❷：

一般房屋租賃常因租賃契約終止後，承租人不自動搬離而產生紛爭，此等紛爭如經由一般訴訟程序解決，不僅要花費訴訟費，而且常會有曠日費時的情形，且為此提起訴訟，亦常有不符經濟效益的感覺，因此我國**公證法第十三條規定，當事人得請求公證人（包含法院的公證人及民間公證人）做成租用建築物定有期限並應於期限屆滿時交還之公證書，並載明應逕受強制執行，如此將來即可憑該公證書直接向法院聲請強制執行，省去訴訟之累**。至於此種公證的費用，原則上是按照租賃期間之租金總額，如在二十萬元以下為一千五百元；二十萬元至五十萬元為三千元；五十萬元至一百萬元為四千五百元，其餘請參見公證法第一百零九條及第一百十九條。

解答❸：

除非租賃期間到期，或承租人有前述土地法第一百條所規定之情形，否則，非經承租人同意，房屋出租人是無權要求承租人搬離的，因此出租人於房屋出租前，最好仔細考量自身需要及調漲房租之空間，謹慎決定租賃期間，並做成書面的租賃契約。房屋租賃終止後，承租人最主要義務為繳清租金並將房屋交還給出租人，出租人則應將所收押租金退還給承租人。

然而，除此之外，法律上尚規定雙方有一些其他義務及請求（惟此等義務或請求可以特約方式免除或變更），舉其要者如：承租人搬離前已發生之水電費，如其繳費名義人為出租人但約定應由承租人負擔時，承租人亦應繳清該等費用，如承租人未繳水電費，致遭斷水斷電，令出租人尚須繳納另一筆費用以恢復水電時，承租人亦應賠償該等費用；承租人依法應以善良管理人注意，管理承租之房屋，如承租人違反該等義務或因其同居人應負責之事由，致房屋有毀損之情形，承租人都需負賠償責任；如承租人對房屋支出有益之費用，因而增加房屋之價值，出租人知其情事而不為反對之表示者，承租人得以現存之增價額為限，向出租人請求償還其費用等等。此外，如房屋之承租人於租賃契約終了後尚欠有房租未付清時，依法出租人對於承租人置放於房屋內之物有留置權，得就留置物取償，其行使方式為定六個月以上之期限通知承租人，請其於該期限內清償完畢，否則即拍賣留置物取償或取得所有權。

解答④：

房屋之出租人依法負有交付合於約定使用之房屋予承租人的義務，並應於租約存續中，保持房屋合於約定使用之狀態。如出租的房屋有瑕疵，危及承租人或其同居人之健康或安全時，承租人得隨時終止契約；如因此導致承租人或其同居人受傷時，出租人更應負賠償責任。至於修繕方面，民法第四百二十九條規定，除契約另有規定或另有習慣外，出租人應負修繕之義務。應特別注意的是如房屋損壞是因為承租人或其同居人不當使用所造成時，依法是要由承租人負修復義務的；還有出租人之修繕義務是可以在租賃契約中加以變更的，如契約中約定所有的修繕均應為承租人為之，則承租人即負有修繕之義務。

附錄：

（消基會範本）

房屋租賃契約

立房屋租賃契約書：

出租人：（以下簡稱甲方）

承租人：（以下簡稱乙方）

乙方連帶保證人：（以下簡稱丙方）

茲因房屋租賃事件，經雙方協議訂立房屋租賃契約，並約定條款如下：

第一條：房屋所在地及使用範圍：

一、縣市　　　鄉鎮市區　路　街　段　巷　弄　號　樓之

二、使用範圍：□全部；□部分，如附圖斜線部分。

三、承租面積：　　坪

四、承租用途：

第二條：租賃期限

自民國　　年　月　　日至民國　　年　月　　日止，計　　年　月。

第三條：租金與擔保金

一、租金每個月新台幣　元整，乙方應於每月　日以前繳納。

每次應繳納　個月份，並不得藉任何理由拖延或拒繳。

二、擔保金新台幣　　　　　　　元整

⑴交付：乙方應於本租賃契約成立同時交付甲方。

⑵返還：甲方應於本租賃契約終止或期限屆滿，乙方騰空並交還房屋時，扣除因乙方使用所必須繳納之費用後，無息返還。

第四條：使用租賃標的物之限制

一、未經甲方同意，乙方不得將租賃房屋全部或一部轉租、出借、頂讓，或以其他變相方法由他人使用房屋。

二、乙方於本租賃契約終止或租賃期滿，應將房屋恢復原狀騰空遷讓交還，乙方不得藉詞推諉或主張任何權利，且不得向甲方請求遷移費或任何費用。

三、房屋之使用應依法為之，不得供非法使用，或存放危險物品影響公共安全。

四、房屋有裝潢或修繕之必要時，乙方應取得甲方之同意始得為之，但不得損害原有建築結構安全，並不得違反建築法令。

五、乙方應遵守租賃標的物之住戶規約。

第五條：危險負擔

一、因乙方之故意、過失致房屋有任何毀損滅失時，由乙方負責修繕或損害賠償之責。

二、凡因非可歸責於乙方之事由，致房屋有毀損時，甲方應負責修繕。如修繕不能或修繕後不合使用目的時，乙方得終止本租賃契約。

三、乙方如有積欠租金或房屋之不當使用應負賠償責任時，該積欠租金及損害額，甲方得由擔保金優先扣抵之。

第六條：相關約定事項

一、房屋稅由甲方負擔，水電費、瓦斯費、管理費、電話費等，因使用必須繳納之費用，則由乙方自行負擔。

二、租賃契約期限屆滿或終止時，乙方願依約將未付之費用，向甲方結清或由甲方在擔保金內優先扣除。

三、乙方遷出時或租賃期限屆滿後，如遺留家具、雜物不搬出時，視作放棄，同意由甲方自行處理，乙方不得異議。若因此所生之費用，由乙方支付並依前款處理。

四、本租賃契約租賃期限未滿，一方擬解約時，需得他方之同意。若乙方提前遷離他處時，乙方應賠償甲方　　個月租金。如甲方擬提前收回房屋，亦應賠償乙方　　個月租金之損害。

五、租賃期限內，如另有收益產生時，其收益權利為甲方所有，乙方不得異議。

六、本租賃契約應經法院公證始生效力。

七、甲方不擬續出租本約標的物時，應於租賃期滿日前，以存證信函通知乙方，否則視為同意以原租賃契約條件內容續租之表示。

第七條：違約處罰

一、乙方違反約定使用房屋，並經甲方催告及限期改正，而仍未改正或改正不完全時，甲方得終止本租賃契約

二、乙方於本租賃契約終止或期限屆滿之翌日起，應即將租賃標的物回復原狀騰空遷讓交還乙方不得藉詞推諉或主張任何權益，如不及時騰空遷讓交還房屋時，甲方得向乙方請求按照房租增加壹倍之違約金至遷讓之日止

三、乙任一方若有違約情事，至損害他方權益時，願賠償他方之損害及支付因涉及之訴訟費、律師費（稅捐機關核定之最低收費標準）或其他相關費用。

四、乙方如有違反本租賃契約各條款或損害租賃房屋等情事時，丙方應連帶負損害賠償責任。

五、乙方如未按期繳納租金達二個月時，視為違約

六、甲、乙雙方如有違約時，他方各得終止本租賃契約，如有損害，並得請求賠償。

第八條：應受強制執行之事項

期限屆滿，承租人給付租金、違約金及交還租賃物，或出租人返還保證金，如不履行時，應逕受強制執行。

前述條款均為立租契約人同意，恐口無憑，爰立本
租賃契約書一式二份，各執一份存執，以昭信守。

出租人（甲方）：

身份證字號：

戶籍地址：

承租人（乙方）：

身份證字號：

戶籍地址：

乙方連帶保證人（丙方）：

身份證字號：

戶籍地址：

中 華 民 國　　　　　年　　　　　月　　　　　日

四、加入民間合會的自保之道

故事內容：

莉莉國中畢業後即隨同父母在夜市裡擺攤，她學歷雖然不高，但誠懇的外表及獨特的進貨管道，使得莉莉的生意相當不錯，十年工作下來，莉莉已是夜市中的熱門人物之一。莉莉每天工作都是從下午開始忙起，直到深夜才得休息，白天時間多半在休息或整理東西，因此莉莉的收入雖然豐厚，卻沒有多餘的時間與銀行往來，所賺的錢多半經由與同行間的互助會作為主要的理財方式，如果想買房子或有其他大筆資金之需求時，莉莉亦透過互助會標會取得資金。莉莉認為，互助會的利息比銀行利息高的多，只要會員信得過，沒有理由把錢放銀行，偶而有資金需求時標會也比銀行方便，不需要填一大堆資料，尤其是銀行還要做徵信，像她這種書面上沒有固定的收入資料的人，根本很難通過，因此莉莉長期以來固定跟六、七個會，也沒有出現大問題。一日，莉莉突然接到其他會員的通知，說她主要的跟會對象跑路了，而且聽說會首有冒用他人名義盜標的情形，莉莉聽了頓時覺得頭昏眼花，因為他們之間的關係複雜，有以對方為會首的死會及活會，也有同為會員的死會及活會，莉莉不知這筆帳要如何清理乾淨，也不知道下個月到底還要不要繳會錢及究竟要繳多少錢？

問題：

1. 訂立合會的要件為何？合會的會首及會員的權利義務有哪些？
2. 會首冒標觸犯何罪？
3. 會首避不見面了，我們可以要求死會的會員付錢嗎？

蔡律師為妳解答：

解答❶：

合會（俗稱「互助會」）是台灣及東南亞國家常見的民間小額資金融通的金融制度，西方國家並無合會此種組織。合會因每月所需投資之金額多半不大，利潤又比銀行存款利息高，急需用錢時合會又具備相當高之便利性，因此，此種制度在我國民間甚為流行。

我國民法債編於民國十八年公布施行時，並沒有關於合會的規定（即所謂「無名契約」），因此，如果民眾因合會產生法律訴訟時，法官主要係根據流行於民間的習慣及當事人之特別約定，作為審判之依據。惟，有鑑於合會在民間流行甚廣，也產生不少紛爭，如果再以所謂的社會習慣作為審判的依據，難免產生不確定性，使得有些人僥倖得以逃避責任，因此，民國八十八年新修正施行之民法債編已將合會納入（請見民法第七百零九條之一至七百零九條之九），使合會有較清楚的規範可依循。依照現行民法債編的規定，所謂合會是指由會首（即俗稱的「會頭」）邀集二個人以上的會員（即俗稱的「會腳」），互相約定交付會款及標取合會金的一種契約。

合會的會首及會員均以自然人為限，公司等法人組織不可以當作合會的會首或會員，因此，坊間有些標榜合會組織的公司，如果它的會首是公司，那麼它的合法性可能就有問題。另外，合會的會首也不能同時兼為會員，這是為了避免法律關係複雜，且容易造成倒會事件的增加。

組織合會，必須訂立書面的會單，會單上要記載：

(1)會首的姓名、住址及電話號碼。

(2)全體會員的姓名、住址及電話號碼（千萬不要只記載小名（如阿美）、外號（豬肉忠）或頭銜（陳董、林太太），將來對於會員認定會增加很多不必要的麻煩）。

(3)每一個會員會款的種類及基本數額。

(4)起會的日期。

(5)標會的日期。

(6)標會的方法。

(7)如果有約定最高出標金額的上限或最低出標金額的下限，該等金額也要記載。

會單必須由會首及全體會員簽名，並且記明年月日，由會首保存並製作繕本，繕本必須由會首簽名後，交給每個會員一人一份。會有這樣的規定是因為民間合會冒標及虛設會員的情形相當嚴重，藉此杜絕流弊，並且保障入會者的權益。此外，為了緩和合會的形式避免太過僵化，如果會員（不包括會首）已經交了第一期的會款，雖然他沒有在會單上簽名，但合會仍然有效。

合會最重要的事情之一就是舉行標會，依照民法的規定，標會要由會首依照約定的時間及方法來舉行，標會的場所由會首決定，但應先通知所有會員。如果會首因故不能主持標會時，就由會首先前指定的人或由到場的會員推選一人來主持。每次標會，每個會員只能出標一次，由出標金額最高者得標，但如果有二個以上的會員出標金額相同時，除會員另有約定外，以抽籤的方式決定得標人；如果有一期沒有會員出標時，除會員另有約定外，也是以抽籤的方式決定得標人。合會第一期的合會金依法是由會首取得，其他每一會份可以得標一次。每次標會後，未得標的會員應在三天內繳清會款，會首也須在三天內，代得標會員向其他會員收取會款，在第四天連同自己應繳的會款一起交給得標會員，如果有未收齊之會款，就由會首先代付，事後再由會首向該會員收取（得另加利息）。**有關權利移轉方面，除非經過全體會員的同意，會首不得將其權利義務轉讓給第三人；同樣的，除非經過會首及全體會員的同意，會員不得退會，也不得將自己的會份轉讓給他人**。

解答❷：

從前合會經常發生會首冒標或以虛設的會員冒標的情事，此種事件並不因法律設立明文規定後即完全消聲匿跡。如果會首偽冒其他會員的名義盜標時，因會首無權代該會員製作投標文書，法律上會首會觸犯刑法第二百十條之偽造私文書罪，最重可處五年的有期徒刑，此外對於相關會員之損失，會首亦應負損害賠償責任。至於會首在會單上虛列不存在或不知情的人為會員，進而使用其名義盜標時，除觸犯如前所述之偽造私文書罪外，因會單在法律上可認為是會首在業務上製作之文書，會首在該等文書上為不實之登載另觸犯刑法第二百十五條之業務上文書登載不實罪，本罪之刑度為三年以下有期徒刑、拘役或五百元以下罰金。

如果會首是以虛列會員的方式吸引會員參加，待會員繳款後即捲款潛逃的話，會首尚有可能構成刑法的詐欺罪，本罪的刑度為五年以下有期徒刑，拘役或科或併科一千元以下罰金。如因此造成相關會員受到損害，會首當然亦要負擔損害賠償責任。

解答③：

會員或已得標會員破產或無力繼續繳交會款之新聞時有所聞。法律上，如果會首破產、逃匿或有其他事由致合會無法繼續進行時，未得標的會員可以推舉一人或數人，在每屆標會日期時，收取會首及已得標會員應繳之會款，平均分配給所有未得標的會員，不再舉行標會，已得標的會員僅需交付自己的會款，不用分攤會首的部分。在這種情況下，如果會首或已得標會員應交給未得標會員之會款有遲延給付之情形，而遲付之金額達到兩期之總額時，未得標的會員可以請求一次交付全部會款。如果是已得標會員因任何事由未繳會款時，則由會首與該會員負連帶責任，換言之，即是會首應先代墊會款交給本次得標的會員，事後再自行向該會員追索。

附錄：

互助會會單

本互助會以 ○○○ 為會首，會員有 ○○○ 等十一人，會員名冊如附件，為順利進行互助會事務，爰經全體會員同意本會單之協議內容，茲訂立條款如后：

第一條　人數及會款金額

本互助會每人一會，含會首共計十二人，每會新台幣（以下同）____萬元。

第二條　會期

首會自民國　　　年　月起至民國　　　年　月止滿會，計一年。

第三條　首會

本互助會以　月　日為首期起會之日，每月開標一次。首會不經標會程序，各會員即應於當日給付首期會款____萬元予會首。

第四條　標會方式

本互助會採內標方式。出標金額以百元為競標單位，最低為________元，最高不超過________元。每期標會，每一會員僅得出標一次，已得標會員不得再參與競標。

第五條　標會期日

以會首或會首指定之人為主席，每月____日中午________在______________（通常是會首住所地址）處開標，會員應準時參加，如未參加或逾時出示標單者，視為放棄該次競標。

第六條　標單

會員投標應以標單為之，如委由他人代為投標應出具委託書，但會首不得為任何會員之受任人。

第七條　得標程序

會首收齊標單當場揭示，以標單所載出標金額最高者得標，違反第四條之約定視為放棄當次競標。如遇出標金額相同時，以抽籤決定。如無人競標或得標者，由活會會員（未得標會員）依會員名冊編號依序得標。

第八條　會首義務

1.標會程序之主席，綜理互助會事務。

2.會首應於每期標會後四日內，代得標會員收足合會金，交予得標會員。交付前如有喪失、毀損，會首應自負其責。

3.會首對於會員（含已得標、未得標會員）各期應付而未付之會款，有代為給付之義務。會首代為給付後，對於未付會款之會員得請求附加年息百分之二十計算之利息。

4.本互助會因故不能繼續進行時，會首就已得標會員應給付之各期會款，負連帶責任。同時活會會員得對會首解除本契約，請求會首返還已繳納之會款及自繳款日起至清償日止按年息百分之二十計算之利息。

第九條　會員義務

1.會員應於每期標會後三日內以現金或即期支票交

付會款。

2.得標會員於收取會首所交付之合會金時，應同時開立以每期標會期日為到期日之____萬元本票數張交予會首，俟繳交當期會款後，會首返還該期之本票。

3.已得標之會員如不依本條第一款之期限按月給付____萬元會款，會首無須催告即得對之解除契約，同時該會員喪失分期償還會款之利益，對於至滿會為止應繳納之會款視為全部到期，應全額一次給付于會首，如有損害並應賠償。

4.本互助會因故不能繼續進行時，會首及已得標會員每月應給付____萬元之會款，應于每月標會期日平均交付予活會會員。

5. 會員如有更址、易名、出國、換電話號碼...等事由，應儘先通知會首。

第十條　會份讓與限制

1.會首非經會員全體之同意，不得將其權利及義務移轉於他人。

2.會員非經會首及會員全體之同意，不得退會，亦不得將自己之會份轉讓于他人。

第十一條　送達

本互助會如有應通知之事項，得依會員名冊所載戶籍地址，以郵寄方式送達于各會員，如會員更址而未通知會首或其他可歸責於會員之事由致無法收受送達者，應以付郵日視為送達之日。

第十二條　合意管轄及準據法

本互助會以會首之住所地為履行地，如有紛爭同意以台灣板橋地方法院為第一審管轄法院。本互助會所有會員應依誠信原則行使權利履行義務，如有未盡事宜，悉依中華民國法律之規定。

第十三條　本合約壹式十二份，由會首及全體會員各執乙份為憑。

會首暨所有會員簽章：

附件：互助會會員名冊

編號	姓名 會員親簽	戶籍地址	身分證字號	連絡電話	得標日期	得標金額（新台幣）	備註
1	○○○						
2	○○○						
3	○○○						
4	○○○						
5	○○○						
6	○○○						
7	○○○						
8	○○○						
9	○○○						
10	○○○						
11	○○○						

會首：○○○（親簽）

戶籍地址：

身分證字號：

電話：

中華民國　　年　　月　日

五、什麼是假扣押？

故事內容：

小如和阿賢結婚八年，生下一子一女，兩名子女皆活潑大方、人見人愛，而夫妻剛結婚時胼手胝足、努力經營的便當店經營的也有聲有色，相當受年輕人的歡迎，分店、加盟店不斷開設，每月營運收入高達上百萬元，小如看到兩人事業已經上軌道，思及過去為了經營事業，鮮少有時間陪伴孩子，乃毅然決然將事業全交由阿賢掌管，自己退居幕後，擔任專職家庭主婦，接送、陪伴孩子上、下學。一開始，一家四口對於家庭生活模式的改變都感到滿意、溫馨，但慢慢地，阿賢覺得小如已經不是他的事業伙伴，很多經營上的計畫都無法獲得小如認同或幫助，小如也漸漸的只關心孩子教育等事情，不知不覺忽略對阿賢的關愛，漸漸地，夫妻漸行漸遠，直到小如發現阿賢在外金屋藏嬌，小如幾乎要崩潰，阿賢逼著小如離婚，還說只願意給小如四百萬元贍養費，小如不甘心，想到夫妻辛苦累積的財富已經高達好幾千萬元，阿賢做錯事還要霸佔所有財產，小如說什麼也不願離婚，豈料，這時阿賢竟透過友人向小如放話，說要花光自己名下所有的財產，讓小如將來一毛錢也不能分，小如好擔心，聽說可以先假扣押扣住阿賢的財產，是真的嗎？要怎麼辦？

問題：

1. 什麼叫做假扣押？
2. 假扣押要提供多少擔保金？
3. 假扣押怎麼做？

蔡律師為妳解答：

解答❶：

假扣押是指債權人為了保全金錢請求，或得易為金錢請求而請求將來的強制執行，而向法院聲請以裁定禁止債務人處分其財產的程序。假扣押的目的是為了避免債權人在訴訟程序進行中，因為債務人資力減少，或情事變更、或債務人利用訴訟程序而隱匿財產、甚至逃匿無蹤，等到債權人循法定程序取得執行名義時，債務人已經沒有財產可供執行，而使債權人受有不測之損害。

解答❷：

聲請假扣押的時候應該要詳細說明假扣押的原因，如果法院認為債權人的說明不夠詳盡，冒然假扣押債務人的財產可能會造成債務人的損害，這時如債權人陳明願意就債務人所受的損害提供擔保金以代替釋明的不足，法院可以斟酌情形命債權人提供一定的擔保金後才准對債務人做假扣押。

有問題的是要提供多少擔保金？民國九十二年一月增列民事訴訟法第五百二十六條第四項以前，法院司法實務上在裁定假扣押聲請命供擔保時，幾乎都要求債權人必須提供所請求金額三分之一的擔保金，例如債權人請求假扣押債務人財產新台幣九百萬元，就必須提供新台幣三百萬元的擔保金，這對於長期從事家事勞動，為婚姻奉獻、犧牲，處於經濟弱勢的家庭主婦（或主夫）而言，無異是一筆天文數字，無力提供。因此，九十二年一月修改民事訴訟法時特別增列第五百二十六條第四項：**債權人的請求是基於家庭生活費用、扶養費、贍養費、夫妻剩餘財產差額分配者，法院在命假扣押供擔保之金額不得高於請求金額十分之一**，例如債權人請求債務人分配剩餘財產新台幣九百萬元，聲請假扣押時，法院最多只能要求債權人提供新台幣九十萬元的擔保金，比起過去足足少了新台幣二百一十萬元，這樣一來才不會讓債權人因為程序法的限制而影響實體法的權利。

解答❸：

辦理假扣押程序並不困難，自己可以DIY，如下：

第一：你必須先擬妥假扣押裁定聲請狀，具體詳細說明假扣押的對象、金額以及原因，向本案管轄法院（本案已繫屬或應繫屬的法院）或假扣押標的物所在地法院聲請，需繳付法院裁定費用新台幣一千元，法院在收到聲請後，通常會在十個工作日左右裁定准許債權人提供一定數額之擔保金對債務人做假扣押；

第二：拿到法院准許假扣押的裁定書後，你應該先至稅捐機關調閱債務人的財產和所得資料，每項需繳付規費新台幣五百元，如財產、所得一起查，需新台幣一千元，通常調到的會是債務人去年或前年的報稅資料，依據報稅記錄，你可以知道債務人和哪幾家銀行有往來、有沒有投資、有沒有薪資所得及不動產，如果債務人的財產資料有不動產，你可以向地政機關調閱相關的土地及建物謄本以確認該不動產是否仍屬債務人所有，當你發現債務人根本沒有任何財產或所得時，就算你提供擔保金也無法扣押到債務人任何財產，這時你就要停止假扣押的動作，不要再提供擔保金，做無謂的投資。但是如果你發現債務人財產、所得頗豐碩，你就必須進行下列步驟：

第三：你必須依照法院裁定要求提供擔保金，至法院提存所將擔保金提存，同時撰寫強制執行聲請狀，詳細載明請求執行的金額及標的，法院就會依你的請求禁止債務人處分財產，例如不能向銀行提領扣押命令到達時帳戶內之金錢、不能移轉房地或設定任何抵押權、扣押債務人薪水三分之一等。值得注意得是，在債權人聲請假扣押裁定、到稅捐機關調閱債務人財產所得資料、債權人到法院提存擔保金等，債務人都不會知道，債務人通常要到有財產被法院查封時才會發現喔。

附錄：

民事聲請假扣押狀	
訴訟標的金額	新台幣　○○○○　元整
聲請人（即債權人）	○○○ 身份證字號： 性別： 出生年月日： 住居所：
債務人	○○○ 身份證字號： 性別： 出生年月日： 住居所：

為聲請假扣押事：

一、請求事項

（一）聲請人願提供現金或○○銀行○○分行十二個月期可轉讓定期存單為擔保，請求裁定就債務人所有財產於新台幣○○○元之範圍內予以假扣押。

（二）程序費用由債務人負擔。

二、假扣押之原因

債務人滯欠聲請人○款新台幣○○○元，迄不給付，有

○○○○可憑。近聞債務人正將所有財產搬移隱匿，致日後有不能強制執行或甚難執行之虞。聲請人為保全強制執行，願提供擔保以代釋明，依民事訴訟法第五百二十二條規定，聲請　鈞院裁定如請求事項所示。

此致

○○○○○○　法院　○○○　公鑒

中華民國　○○○　年　○○　月　○○○　日

具狀人：○○○

六、我要退貨

故事內容：

小香是個時髦的女性，在外商公司擔任秘書。小香平常就非常愛美，除了經常前往護膚沙龍美容外，也勇於嘗試各種新的美容產品，只要是電視購物頻道上介紹看起來不錯的商品時，小香一定不輕易放過。一日，小香在電視購物頻道上，看到正在推銷某公司一組兩套的瘦身茶及瘦身霜，主持人講得口沫橫飛，宣稱這種瘦身茶及瘦身霜是日本最新的產品，在日本造成大轟動，賣到無貨可賣，不論是多重的胖子，只要搭配使用這種瘦身茶及瘦身霜，都可以在一星期內至少減輕五公斤，接下來會繼續瘦，直到不再使用產品為止，停止使用後也絕對不會復胖，而且絕不傷身，也絕無副作用。接下來電視就演出所謂真人見證，只見螢光幕前一個個原本臃腫的女胖子，在使用瘦身茶和瘦身霜後，全部變成身材曼妙的美女。小香看了之後真是心動不已，立刻按照電視上的電話號碼打電話去訂購。商品送來後，小香乖乖依照說明書上的說明使用，誰知使用後，不僅小香身體非常不舒服，經檢查後是減肥藥中的成分導致內分泌失調，此外，塗抹瘦身霜的部分更出現嚴重的皮膚紅腫，小香立刻打電話給原公司，要求退貨還錢，誰知該公司人員態度非常惡劣，宣稱他們的產品一經售出即不接受退貨，並稱她們公司的產品絕無問題，是小香個人使用不當云云，小香覺得非常氣憤，但不知要如何主張自己的權益。

問題：

1. 小香可以要求退錢嗎？
2. 遇到產品有問題時，消費者可以主張哪些權利？
3. 遇到消費糾紛時，消費者應該如何保障自己的權益？

蔡律師為妳解答：

解答❶：

因消費而產生糾紛是自古以來即有的現象，古裝戲中常見商家在店門口貼上「貨一出門，概不退換」的標語，或許這是為了保護商家自己的利益，避免客人藉機搗亂，這在消費者可以直接看到商品，感覺完全滿意後才購買的交易模式下，確實有幾分合理性，但是在現在這個充斥著各種網路或電視廣告交易或直接推銷的環境下，不論產品品質是否良好，強調完全不接受退貨，並不合理，因為在這些交易模式中，有些是消費者在收到產品之前，根本沒有機會真正接觸到產品，無法完全掌握產品的品質及適用性，有些則是消費者可能在他人強迫推銷下，一時衝動才加以購買，如果都不給消費者一個合理的反悔空間，恐怕不符合保護消費者權益的潮流。

然而，由於我國民法是在民國十八年間公布施行，以當時的環境，實在難以想像會有今日如此多樣化的交易模式，因此除非當事人間的契約有特別的解約條件約定，僅有在特殊情況下，如意思表示錯誤、被詐欺或被脅迫、或是商品本身有瑕疵或提供的商品不符契約約定等，民法才允許當事人解除契約請求返還價款，否則當事人一旦訂約後，就要接受契約的拘束，不得任意反悔。直到民國八十三年間制定了消費者保護法，其中第十九條規定：**郵購或訪問買賣的消費者，對於所收受的商品不願買受時，可以在收受商品後七日內，將商品退還給廠商或用書面通知廠商解除買賣契約，不需說明理由及負擔任何費用或價款**，這對消費者而言可說是一項非常重要的保障。值得說明的是，前述消費者保護法第十九條所稱的郵購買賣，是指企業經營者用廣播、電視、電話、傳真、型錄、報紙、雜誌、網際網路、傳單或其他類似的方法，使消費者未能檢視商品而與企業經營者所為之買賣；所謂的訪問買賣是指企業經營者未經邀約而在消費者之住居所或其他場所從事銷售所為的買賣。

凡是屬於前述兩種類型的買賣，只要消費者收到商品後覺得不喜歡，都可以在七天內向業者表示要解約，業者必須無條件返還價款，而且縱使雙方的契約有不許退貨的規定，也不影響消費者的這項權利。在此筆者要特別提醒消費者，有些業者會用盡各種方法要求消費者再用看看，其目的就是要拖過七天的解約期，因為消費者的無條件解約權只有七天，一旦過了要再解約就不是那麼容易。因此，在本案例中，因為小香是經由郵購買賣購買商品，依照消費者保護法的規定，她可以在收到商品後七天內，把產品退還廠商或以書面表示解約後，要求廠商退錢；又因產品本身有問題，小香也可以以產品有瑕疵為由，要求解除契約退還款項。

解答❷：

依據我國現行法令的規定，僅有通過衛生署檢驗的藥品才可以宣稱具有醫療上的效果，一般食品類不須經由衛生署檢查，當然不能宣稱具有療效，但是近年來，市面上常見有宣稱具有減肥效果的商品，其中真正通過衛生單位檢驗證實確有療效的產品可說是屈指可數，大部分的產品不是毫無效果，就是含有有害身體健康或是瀉藥成分的物質，使用後不僅無法達成減肥的目的，反而需賠上健康，這是因為業者利用目前衛生單位對於「減肥」是否為一種「療效」尚無明確的見解所致，但是不論如何，為了維護自身健康，使用所謂減肥產品時還是要三思而後行。

減肥產品使用後產生後遺症的情形也是時有所聞，**因為產品安全有問題導致健康受損時，消費者除了可以依據民法的規定，請求醫藥費、其他財產損失及精神上損害賠償外，還可以依據消費者保護法向業者求償：**依據消費者保護法第七條的規定，從事設計、生產、製造商品或提供服務的企業經營者在提供商品流通進入市場或提供服務時，應確保商品或服務符合當時科技或專業水準可合理期待的安全性，如果商品或服務具有危害消費者生命、身體、健康、財產的可能性時，業者應於明顯處做警告標示及緊急處理危險的方法。如果業者違反前述規定，導致消費者受到損害時，而該等損害是因為業者的故意所導致者，**消費者可以請求損害額三倍以下的懲罰性賠償金；如果損害是因為過失所致者，消費者可以請求損害額一倍以下的懲罰性賠償金**。

因此，在本案例中，小香因為使用廠商的減肥產品導致健康受到損害，小香除了可以要求廠商退還購買商品之金額外，對於健康受損，小香還可以要求廠商賠償醫藥費及因此所生的其他財產損失（如看醫生的交通費），並向廠商要求一筆懲罰性賠償金。

解答❸：

不論買任何東西，消費者切記一定要留下交易的憑證（如買賣契約書或發票、收據等），如果業者不主動提供，消費者也要向業者索取，因為這樣才能證明確實有交易存在，這也是消費者保障自身權益最基本的要求。如果不慎買到黑心商品，消費者一定要好好保留該等商品，並且立刻與業者聯絡，要求退貨或賠償。如果業者不肯釋出善意好好解決，則消費者可以向縣市政府的消保官或消費者團體（如消費者文教基金會）求助，如果發現受害人在二十人以上時，也可以請求消費者團體代為提起團體訴訟。事實上，大多業者對待消費者的態度往往視消費者重視自己權益的程度而定，如果每個消費者都能勇於主張自己合法的權益，並將消費資訊廣為流通，那麼不肖的業者自然也就會減少，這樣不僅能保護別人，也同時能保護自己的權益。

附錄：

郵局存證信函用紙

正本
副本

郵局 存證信函第　　　號	一、寄件人　姓名：　　　　印 詳細地址： 二、收件人　姓名： 詳細地址： 三、副本收件人　姓名： 詳細地址： （本欄姓名、地址不敷填寫時，請另紙聯記）

行＼格	1	2	3	4	5	6	7	8	9	10	11	12	13	14	15	16	17	18	19	20
一	敬	啟	者	：																
二	本	人	於	民	國	○	○	年	○	○	月	○	○	日	經	由	郵	購	方	法
三	向		貴	公	司	購	買	○	○	產	品	乙	組	，	本	人	已	支	付	價
四	金	新	台	幣	○	○	元	。	本	人	茲	依	消	費	者	保	護	法	第	十
五	九	條	之	規	定	，	以	書	面	通	知		貴	公	司	解	除	雙	方	之
六	買	賣	契	約	，	請		貴	公	司	於	文	到	後	五	日	內	退	還	新
七	台	幣	○	○	元	，	以	維	商	誼	。									
八																				
九																				
十																				

本存證信函共　　頁，正本　　份，存證費　　　元，
副本　　份，存證費　　　元，
附件　　張，存證費　　　元，
加具副本　　份，存證費　　　元，合計　　元。

經　　　郵局
年　月　日證明正副本內容完全相同　（郵戳）　經辦員　主管　印

黏貼郵票或郵資券處

備註：
一、存證信函需送交郵局辦理證明手續後始有效，自交寄之日起由郵局保存之副本，於三年期滿後銷燬之。
二、在　　頁　　行第　　格下　　字　印（如有修改應填註本欄並蓋用寄件人印章，但塗改增刪每頁至多不得逾二十字。）
三、每件一式三份，用不脫色筆或打字機複寫，或書寫後複印、影印，每格限書一字，色澤明顯、字跡端正。

騎縫　　騎縫

七、旅遊不受氣

故事內容：

阿西與阿花結婚滿一週年，二人想要出國旅遊慶祝一番。起先為了決定旅遊地點，兩人各有意見，而鬧得有些不愉快，後來終於妥協，決定參加旅行團，一起到泰國南部普吉島度假。兩人決定後即找旅行社辦理，並交付訂金各一萬元。不料，在二人出發前，南亞發生驚人地震引發海嘯，普吉島當地受災嚴重，相關飯店及遊樂設施均已受損，並被我國觀光局宣布為不適宜旅遊之災區，此時旅行社也打電話來說，原訂普吉島旅程無法成行，要問兩人究竟要退錢還是要變更行程前往其他地區。阿西接到電話後，心想阿花之前曾說過想去印尼的巴里島，不如直接跟旅行社說改定巴里島五日遊好了，於是阿西就要旅行社的人員改定巴里島旅遊，並請旅行社人員將行程傳真過來確認。新的旅遊行程傳真過來後，阿西看了覺得很滿意，因為行程上記載全程住五星級飯店，且無自費行程，因此阿西就先行向旅行社預定兩人行程，三天後並將餘款繳清。幾天後阿西把已經變更行程為巴里島之情形告訴阿花，阿花亦頗為滿意。然而天有不測風雲，誰知在出發前的一個星期，阿西騎車不慎發生車禍跌斷右腿，無法成行，阿花因此也沒有心情獨自出國旅行，於是兩人向旅行社詢問可否退錢或換人。

問題：

1. 簽訂旅遊契約時，旅客可否要求旅行社出具書面資料，載明旅遊行程等事項？
2. 行程表明明說住五星級飯店，現在只住四星級飯店，可以請求賠償嗎？
3. 如果因為各種事由導致無法成行，旅客可以要求退費或把權利讓給別人嗎？

蔡律師為妳解答：

解答❶：

自從我國國民所得日益提高後，出國旅遊已成為現今國人最常從事的休閒項目之一。良好的旅遊安排固然能使人心情舒暢，但因旅遊發生糾紛或不愉快的事件亦時有所聞，從出團前旅行社惡性倒閉、捲款潛逃，到旅客不滿旅行社之安排舉布條抗議等都有。為避免前種情形發生，旅客實應充分瞭解自己的權利與義務。我國民法並未定義何謂旅遊契約，但有對旅遊業者（即俗稱旅行社）作定義。所謂旅遊業者，是指以提供旅客旅遊服務為營業而收取旅遊費用之人。旅遊業者提供之旅遊服務，除安排行程外，還須包含提供交通、膳宿、導遊或其他有關服務之其中至少一項。旅遊契約並不是書面要式契約，換句話說，成立旅遊契約並不是非要白紙黑字寫出來不可，但為保護旅客的權益，**民法規定旅客可以要求旅遊業者出具書面，載明：⑴旅遊業者的名稱及地址；⑵旅客名單；⑶旅遊地區及旅程；⑷旅遊業者提供之交通、膳宿、導遊或其他有關服務及其品質；⑸旅遊保險之種類及其金額；⑹其他有關事項；及⑺填發之年月日。**

除此之外，交通部曾依消費者保護法第十七條的規定，於民國九十一年十一月十九日，以交通部交路字〇九一〇〇一一四四九號函公告「國外個別旅遊定型化契約應記載及不得記載事項」，現在介紹其中比較重要且關係旅客權益的部分如下：

(1)旅遊契約須記載旅遊地區、城市或觀光點、行程、起程、回程終止之地點及日期。如果沒有記載前項內容，則以刊登廣告、宣傳文件、行程表或說明會之說明等為準。

(2)旅遊契約須記載行程中之交通、旅館、餐飲、遊覽及其所附隨之服務說明。如果沒有記載前項內容，則以刊登廣告、宣傳文件、行程表或說明會之說明為準。

(3)旅遊契約須記載旅遊之費用及其包含之項目。

(4)旅遊活動無法成行時，旅行業者之通知義務及賠償責任：因可歸責旅行業者之事由，致旅遊活動無法成行者，旅行業於知悉無法成行時，應即通知旅客並說明其事由；怠於通知者，應賠償旅客依旅遊費用之全部計算之違約金；其已為通知者，則按通知到達旅客時，距出發日期時間之長短，依下列規定計算其應賠償旅客之違約金。

a. 通知於出發日前第二十一日至第三十日以內到達者，賠償旅遊費用百分之十。

b. 通知於出發日前第十一日至第二十日以內到達者，賠償旅遊費用百分之二十。

c. 通知於出發日前第四日至第十日以內到達者，賠償旅遊費用百分之三十。

d. 通知於出發日前一日至第三日以內到達者，賠償旅遊費用百分之七十。

e. 通知於出發當日以後到達者，賠償旅遊費用百分之一百。但因不可抗力或不可歸責於旅行業之事由（如發生南亞大海嘯或其他天災人禍等），致旅遊活動無法成行者，旅行業於知悉旅遊活動無法成行時應即通知旅客並說明其事由；其怠於通知，致旅客受有損害者，應負賠償責任。

(5) 出發前，旅客任意解除契約及其責任：旅客於旅遊活動開始前得繳交證照費用後解除契約，但應賠償旅行業之損失，其賠償標準如下：

a. 旅遊開始前第二十一日至第三十日以內解除契約者，賠償旅遊費用百分之十。

b. 旅遊開始前第十一日至第二十日以內解除契約者，賠償旅遊費用百分之二十。

c. 旅遊開始前第四日至第十日以內解除契約者，賠償旅遊費用百分之三十。

d. 旅遊開始前一日至第三日以內解除契約者，賠償旅遊費用百分之七十。

e. 旅客於旅遊開始日或開始後解除契約或未通知不參加者，賠償旅遊費用百分之一百。

(6) 過失致旅客留滯國外的責任：因可歸責於旅行業之事由，致旅客留滯國外時，旅客於留滯期間所支出之食宿或其他必要費用，應由旅行業全額負擔，旅行業並應儘速依預定旅程安排旅遊活動，或安排旅客返國，並賠償旅客依旅遊費用總額除以全部旅遊日數乘以留滯日數計算之違約金。

(7) 出發後旅客任意終止契約：旅客於旅遊活動開始後，中途離隊退出旅遊活動時，不得要求旅行業退還旅遊費用。但旅行業因旅客退出旅遊活動後，應可節省或無須支出之費用，應退還旅客；旅行業並應為旅客安排脫隊後返回出發地之住宿及交通。旅客於旅遊活動開始後，未能及時參加排定之旅遊項目或未能及時搭乘飛機、車、船等交通工具時，視為自願放棄其權利，不得向旅行業要求退費或任何補償。第一項住宿、交通費用以及旅行業為旅客安排之費用，由旅客負擔。

(8)旅遊之行程、服務、住宿、交通、價格、餐飲等內容不得記載「僅供參考」或「以外國旅遊業提供者為準」或使用其他不確定用語之文字。

(9)旅行業對旅客所負義務不得排除原刊登之廣告內容。

(10)旅遊契約不得排除旅客之任意解約、終止之權利。

(11)旅遊契約不得有當事人一方得為片面變更合約之約定。

(12)旅行業除收取約定之旅遊費用外，不得以其他方式變相或額外加價。

(13)除契約另有約定或經旅客同意外，旅行業者不得臨時安排購物行程。

(14)旅遊契約不得有排除對旅行業者之履行輔助人所生責任之約定。

解答❷：

前述交通部所規定的事項在法律上具有強制力，具有補充（如果契約未規定）及修改

（如果契約規定與之不符）原旅遊契約的效力。因此，如果旅遊契約或說明書記載住五星級飯店，但實際只有住四星級飯店時，旅遊業者至少應將中間的差價退還給旅客，當然旅客也可以在旅遊行程中直接要求業者安排住五星級飯店。

解答③：

旅程開始前，如果在旅遊行程中直接是因為不可歸責於旅客之事由，導致旅客無法成行時，旅客可以要求解除契約，退還團費，但要賠償旅遊業者先前為其墊付或支出之費用。如果旅客單純只是不想去，則應依照前述交通部所定的標準處理。

附錄：

（交通部觀光局範本）

國外（團體）旅遊契約書

交通部觀光局八十九年五月四日 觀業八十九字第〇九八〇一號函修正發布

交通部觀光局93年11月5日觀業字第0930030216號函公告：增訂國外旅遊定型化契約書範本第28條之1

立契約書人（本契約審閱期間一日，　年　月　日

（旅客姓名）

（旅行社名稱）

（以下稱甲方）

（以下稱乙方）

由甲方攜回審閱），甲乙雙方同意就本旅遊事項，依下列規定辦理：

第 一 條：（國外旅遊之意義）

本契約所謂國外旅遊，係指到中華民國疆域以外其他國家或地區旅遊。

赴中國大陸旅行者，準用本旅遊契約之規定。

第 二 條：（適用之範圍及順序）

甲乙雙方關於本旅遊之權利義務，依本契約條款之約定定之；本契約中未約定者，適用中華民國有關法令之規定。

附件、廣告亦為本契約之一部。

第 三 條：（旅遊團名稱及預定旅遊地）

一、旅遊地區（國家、城市或觀光點）：

二、行程（起程回程之終止地點、日期、交通工具、住宿旅館、餐飲、遊覽及其所附隨之服務說明）：

前項記載得以所刊登之廣告、宣傳文件、行程表或說明會之說明內容代之，視為本契約之一部分　，如載明僅供參考或以外國旅遊業所提供之內容為準者，其記載無效。

第　四　條：（集合及出發時地）

甲方應於民國　　年　月　　日　　時　　分於　　準時集合出發。甲方未準時到約定地點集合致未能出發，亦未能中途加入旅遊者，視為甲方解除契約，乙方得依第二十七條之規定，行使損害賠償請求權。

第　五　條：（旅遊費用）

旅遊費用共計新台幣　　　　　　元，除經雙方同意並增訂其他協議事項於本契約第三十六條，乙方不得以任何名義要求增加旅遊費用。

甲方應依下列約定繳付：

1.簽訂本契約時，甲方應繳付新台幣　　　　元。

2.其餘款項於出發前三日或說明會時繳清。

第　六　條：（怠於給付旅遊費用之效力）

甲方因可歸責於自己之事由，怠於給付旅遊費用者，乙方得逕行解除契約，並沒收其已繳之訂金。如有其他損害，並得請求賠償。

第　七　　條：（旅客協力義務）

旅遊需甲方之行為始能完成，而甲方不為其行為者，乙方得定相當期限，催告甲方為之。甲方逾期不為其行為者，乙方得終止契約，並得請求賠償因契約終止而生之損害。

旅遊開始後，乙方依前項規定終止契約時，甲方得請求乙方墊付費用將其送回原出發地。於到達後，由甲方附加年利率　%利息償還乙方。

第　八　　條：（交通費之調高或低）

旅遊契約訂立後，其所使用之交通工具之票價或運費較訂約前運送人公布之票價或運費調高或調低逾百分之十者，應由甲方補足或由乙方退還。

第　九　　條：（旅遊費用所涵蓋之項目）

甲方依第五條約定繳納之旅遊費用，除雙方另有約定以外，應包括下列項目：

1.代辦出國手續費：乙方代理甲方辦理出國所需之手續費及簽證費及其他規費。

2.交通運輸費：旅程所需各種交通運輸之費用。

3.餐飲費：旅程中所列應由乙方安排之餐飲費用。

4.住宿費：旅程中所列住宿及旅館之費用，如甲方需要單人房，經乙方同意安排者，甲方應補繳所需差額。

5.遊覽費用：旅程中所列之一切遊覽費用，包括遊覽交通費、導遊費、入場門票費。

6.接送費：旅遊期間機場、港口、車站等與旅館間之一切接送費用。

7.行李費：團體行李往返機場、港口、車站等與旅館間之一切接送費用及團體行李接送人員之小費，行李數量之重量依航空公司規定辦理。

8.稅捐：各地機場服務稅捐及團體餐宿稅捐。

9.服務費：領隊及其他乙方為甲方安排服務人員之報酬 。

第　十　條：（旅遊費用所未涵蓋項目）

第五條之旅遊費用，不包括下列項目：

1.非本旅遊契約所列行程之一切費用。

2.甲方個人費用：如行李超重費、飲料及酒類、洗衣、電話、電報、私人交通費、行程外陪同購物之報酬、自由活動費、個人傷病醫療費、宜自行給與提供個人服務者（如旅館客房服務人員）之小費或尋回遺失物費用及報酬。

3.未列入旅程之簽證、機票及其他有關費用。

4.宜給與導遊、司機、領隊之小費。

5.保險費：甲方自行投保旅行平安保險之費用。

6.其他不屬於第九條所列之開支。

前項第二款、第四款宜給與之小費，乙方應於出發前，說明各觀光地區小費收取狀況及約略金額。

第十一條：（強制投保保險）

乙方應依主管機關之規定辦理責任保險及履約保險。

乙方如未依前項規定投保者，於發生旅遊意外事故或不能履約之情形時，乙方應以主管機關規定最低投保金額計算其應理賠金額之三倍賠償甲方。

第十二條：（組團旅遊最低人數）

本旅遊團須有　　人以上簽約參加始組成。如未達前定人數，乙方應於預定出發之七日前通知甲方解除契約，怠於通知致甲方受損害者，乙方應賠償甲方損害。

乙方依前項規定解除契約後，得依下列方式之一，返還或移作依第二款成立之新旅遊契約之旅遊費用。

1. 退還甲方已交付之全部費用，但乙方已代繳之簽證或其他規費得予扣除。
2. 徵得甲方同意，訂定另一旅遊契約，將依第一項解除契約應返還甲方之全部費用，移作該另訂之旅遊契約之費用全部或一部。

第十三條：（代辦簽證、洽購團體）

如確定所組團體能成行，乙方即應負責為甲方申辦護照及依旅程所需之簽證，並代訂妥機位及旅館。乙方應於預定出發七日前，或於舉行出國說明會時，將甲方之護照、簽證、機票、機位、旅館及其他必要事項向甲方報告，並以書面行程表確認之。乙方怠於履行上述義務時，甲方得拒絕參加旅遊並解除契約，乙方即應退還甲方所繳之所有費用。

乙方應於預定出發日前，將本契約所列旅遊地之地區城市、國家或觀光點之風俗人情、地理位置或其他有關旅遊應注意事項儘量提供甲方旅遊參考。

第十四條：（因旅行社過失無法成行）

因可歸責於乙方之事由，致甲方之旅遊活動無法成行時，乙方於知悉旅遊活動無法成行者，應即通知甲方並說明其事由。怠於通知者，應賠償甲方依旅遊費用之全部計算之違約金；其已為通知者，則按通知到達甲方時，距出發日期時間之長短，依下列規定計算應賠償甲方之違約金。

1.通知於出發日前第三十一日以前到達者，賠償旅遊費用百分之十。

2.通知於出發日前第二十一日至第三十日以內到達者，賠償旅遊費用百分之二十。

3.通知於出發日前第二日至第二十日以內到達者，賠償旅遊費用百分之三十。

4.通知於出發日前一日到達者，賠償旅遊費用百分之五十。

5.通知於出發當日以後到達者，賠償旅遊費用百分之一百。 甲方如能證明其所受損害超過前項各款標準者，得就其實際損害請求賠償。

第十五條：（非因旅行社之過失無法成行）

因不可抗力或不可歸責於乙方之事由，致旅遊團無法成行者，乙方於知悉旅遊活動無法成行時應即通知甲方並說明其事由；其怠於通知甲方，致甲方受有損害時，應負賠償責任。

第十六條：（因手續瑕疵無法完成旅遊）

旅行團出發後，因可歸責於乙方之事由，致甲方因簽證、機票或其他問題無法完成其中之部分旅遊者，乙方應以自己之費用安排甲方至次一旅遊地，與其他團員會合；無法完成旅遊之情形，對全部團員均屬存在時，並應依相當之條件安排其他旅遊活動代之；如無次一旅遊地時，應安排甲方返國。

前項情形乙方未安排代替旅遊時，乙方應退還甲方未旅遊地部分之費用，並賠償同額之違約金。 因可歸責於乙方之事由，致甲方遭當地政府逮捕、羈押或留置時，乙方應賠償甲方以每日新台幣二萬元整計算之違約金，並應負責迅速接洽營救事宜，將甲方安排返國，其所需一切費用，由乙方負擔。

第十七條：（領隊）

乙方應指派領有領隊執業證之領隊。

甲方因乙方違反前項規定，而遭受損害者，得請求乙方賠償。

領隊應帶領甲方出國旅遊，並為甲方辦理出入國境手續、交通、食宿、遊覽及其他完成旅遊所須之往返全程隨團服務。

第十八條：（證照之保管及退還）

乙方代理甲方辦理出國簽證或旅遊手續時，應妥慎保管甲方之各項證照，及申請該證照而持有甲方之印章、身分證等，乙方如有遺失或毀損者，應行補辦，其致甲方受損害者，並應賠償甲方之損失。

甲方於旅遊期間，應自行保管其自有之旅遊證件，但基於辦理通關過境等手續之必要，或經乙方同意者，得交由乙方保管。

前項旅遊證件，乙方及其受僱人應以善良管理人注意保管之，但甲方得隨時取回，乙方及其受僱人不得拒絕。

第十九條：（旅客之變更）

甲方得於預定出發日　　　日前，將其在本契約上之權利義務讓與第三人，但乙方有正當理由者，得予拒絕。

前項情形，所減少之費用，甲方不得向乙方請求返還，所增加之費用，應由承受本契約之第三人負擔，甲方並應於接到乙方通知後　　日內協同該第三人到乙方營業處所辦理契約承擔手續。 承受本契約之第三人，與甲乙雙方辦理承擔手續完畢起，承繼甲方基於本契約之一切權利義務。

第 二 十 條：（旅行社之變更）

乙方於出發前非經甲方書面同意，不得將本契約轉讓其他旅行業，否則甲方得解除契約，其受有損害者，並得請求賠償。

甲方於出發後始發覺或被告知本契約已轉讓其他旅行業，乙方應賠償甲方全部團費百分之五之違約金，其受有損害者，並得請求賠償。

第二十一條：（國外旅行業責任歸屬）

乙方委託國外旅行業安排旅遊活動，因國外旅行業有違反本契約或其他不法情事，致甲方受損害時，乙方應與自己之違約或不法行為負同一責任。但由甲方自行指定或旅行地特殊情形而無法選擇受託者，不在此限。

第二十二條：（賠償之代位）

乙方於賠償甲方所受損害後，甲方應將其對第三人之損害賠償請求權讓與乙方，並交付行使損害賠償請求權所需之相關文件及證據。

第二十三條：（旅遊內容之實現及例外）

旅程中之餐宿、交通、旅程、觀光點及遊覽項目等，應依本契約所訂等級與內容辦理，甲方不得要求變更，但乙方同意甲方之要求而變更者，不在此限，惟其所增加之費用應由甲方負擔。除非有本契約第二十八條或第三十一條之情事，乙方不得以任何名義或理由變更旅遊內容，乙方未依本契約所訂等級辦理餐宿、交通旅程或遊覽項目等事宜時，甲方得請求乙方賠償差額二倍之違約金。

第二十四條：（因旅行社之過失致旅客留滯國外）

因可歸責於乙方之事由，致甲方留滯國外時，甲方於留滯期間所支出之食宿或其他必要費用，應由乙方全額負擔，乙方並應儘速依預定旅程安排旅遊活動或安排甲方返國，並賠償甲方依旅遊費用總額除以全部旅遊日數乘以滯留日數計算之違約金。

第二十五條：（延誤行程之損害賠償）

因可歸責於乙方之事由，致延誤行程期間，甲方所支出之食宿或其他必要費用，應由乙方負擔。甲方並得請求依全部旅費除以全部旅遊日數乘以延誤行程日數計算之違約金。但延誤行程之總日數，以不超過全部旅遊日數為限，延誤行程時數在五小時以上未滿一日者，以一日計算。

第二十六條：（惡意棄置旅客於國外）

乙方於旅遊活動開始後，因故意或重大過失，將甲方棄置或留滯國外不顧時，應負擔甲方於被棄置或留滯期間所支出與本旅遊契約所訂同等級之食宿、返國交通費用或其他必要費用，並賠償甲方全部旅遊費用之五倍違約金。

第二十七條：（出發前旅客任意解除契約）

甲方於旅遊活動開始前得通知乙方解除本契約，但應繳交證照費用，並依下列標準賠償乙方：

1.通知於旅遊活動開始前第三十一日以前到達者，賠償旅遊費用百分之十。

2.通知於旅遊活動開始前第二十一日至第三十日以內到達者，賠償旅遊費用百分之二十。

3.通知於旅遊活動開始前第二日至第二十日以內到達者，賠償旅遊費用百分之三十。

4.通知於旅遊活動開始前一日到達者，賠償旅遊費用百分之五十。

5.通知於旅遊活動開始日或開始後到達或未通知不參加者，賠償旅遊費用百分之一百。

前項規定作為損害賠償計算基準之旅遊費用，應先扣除簽證費後計算之。

乙方如能證明其所受損害超過第一項之標準者，得就其實際損害請求賠償。

第二十八條：（出發前有法定原因解除契約）

因不可抗力或不可歸責於雙方當事人之事由，致本契約之全部或一部無法履行時，得解除契約之全部或一部，不負損害賠償責任。乙方應將已代繳之規費或履行本契約已支付之全部必要費用扣除後之餘款退還甲方。但雙方於知悉旅遊活動無法成行時應即通知他方並說明事由；其怠於通知致使他方受有損害時，應負賠償責任。

為維護本契約旅遊團體之安全與利益，乙方依前項為解除契約之一部後，應為有利於旅遊團體之必要措置（但甲方不得同意者，得拒絕之），如因此支出必要費用，應由甲方負擔。

第二十八條之一：（出發前有客觀風險事由解除契約）

出發前，本旅遊團所前往旅遊地區之一，有事實足認危害旅客生命、身體、健康、財產安全之虞者，準用前條之規定，得解除契約。但解除之一方，應按旅遊費用百分之＿＿＿＿＿補償他方（不得超過百分之五）。

第二十九條：（出發後旅客任意終止契約）

甲方於旅遊活動開始後中途離隊退出旅遊活動時，不得要求乙方退還旅遊費用。但乙方因甲方退出旅遊活動後，應可節省或無須支付之費用，應退還甲方。

甲方於旅遊活動開始後，未能及時參加排定之旅遊項目或未能及時搭乘飛機、車、船等交通工具時，視為自願放棄其權利，不得向乙方要求退費或任何補償。

第 三 十 條：（終止契約後之回程安排）

甲方於旅遊活動開始後，中途離隊退出旅遊活動，或怠於配合乙方完成旅遊所需之行為而終止契約者，甲方得請求乙方墊付費用將其送回原出發地。於到達後，立即附加年利率 %利息償還乙方。

乙方因前項事由所受之損害，得向甲方請求賠償。

第三十一條：（旅遊途中行程、食宿、遊覽項目之變更）

旅遊途中因不可抗力或不可歸責於乙方之事由，致無法依預定之旅程、食宿或遊覽項目等履行時，為維護本契約旅遊團體之安全及利益，乙方得變更旅程、遊覽項目或更換食宿、旅程，如因此超過原定費用時，不得向甲方收取。但因變更致節省支出經費，應將節省部分退還甲方。 甲方不同意前項變更旅程時得終止本契約，並請求乙方墊付費用將其送回原出發地。於到達後，立即附加年利率 %利息償還乙方。

第三十二條：（國外購物）

為顧及旅客之購物方便，乙方如安排甲方購買禮品時，應於本契約第三條所列行程中預先載明，所購物品有貨價與品質不相當或瑕疵時，甲方得於受領所購物品後一個月內請求乙方協助處理。 乙方不得以任何理由或名義要求甲方代為攜帶物品返國。

第三十三條：（責任歸屬及協辦）

旅遊期間，因不可歸責於乙方之事由，致甲方搭乘飛機、輪船、火車、捷運、纜車等大眾運輸工具所受損害者，應由各該提供服務之業者直接對甲方負責。但乙方應盡善良管理人之注意，協助甲方處理。

第三十四條：（協助處理義務）

甲方在旅遊中發生身體或財產上之事故時，乙方應為必要之協助及處理。 前項之事故，係因非可歸責於乙方之事由所致者，其所生之費用，由甲方負擔。但乙方應盡善良管理人之注意，協助甲方處理。

第三十五條：（誠信原則）

甲乙雙方應以誠信原則履行本契約。乙方依旅行業管理規則之規定，委託他旅行業代為招攬時，不得以未直接收甲方繳納費用，或以非直接招攬甲方參加本旅遊，或以本契約實際上非由乙方參與簽訂為抗辯。

第三十六條：（其他協議事項）

甲乙雙方同意遵守下列各項：

一、甲方□同意　□不同意　乙方將其姓名提供給其他同團旅客。

二、

三、

前項協議事項，如有變更本契約其他條款之規定，除經交通部觀光局核准，其約定無效，但有利於甲方者，不在此限。

訂約人：（如未記載以交付訂金日為簽約日期）

甲方：

住　　　址：

身分證字號：

電話或電傳：

乙方：

（公司名稱）：

註冊編號：

負　責　人：

住　　　址：

電話或電傳：

簽約地點：（如未記載以甲方住所地為簽約地）

乙方委託之旅行業副署：（本契約如係綜合或甲種旅行業自行組團而與旅客簽約者，下列各項免填）

公司名稱：

註冊編號：

負　責　人：

住　　　址：

電話或電傳：

法律諮詢單位一覽表

台北市婦女法律諮詢服務單位				
中心名稱	**電話**	**服務對象**	**時間**	**方式**
台北婦女中心	28321174	台北市婦女	周四下午	預約制，律師面談，免費。
大直婦女服務中心	25323641	台北市婦女	單週四下午、雙週四晚上	預約制，律師面談，免費。
內湖婦女服務中心	26349952	台北市婦女	週五下午	預約制，律師面談，免費。
北投婦女服務中心	28961918	單親婦女	週四下午	
北區婦女服務中心	25314245-6	遭婚暴或民法相關問題	週三下午	預約制，律師面談，免費。
永樂婦女服務中心	25500708	台北市婦女	週五下午	預約制，律師面談，免費。
松山婦女暨家庭關係服務中心	27685256 27687733	台北市市民	週一晚上	預約制，律師面談，免費。
松德婦女服務中心	27599176	台北市婦女或單親家庭	周五下午	預約制，律師面談，免費。
南港婦女服務中心	26537055~6	遭婚暴或有民法親屬編相關問題	週二下午	預約制，律師面談，免費。
龍山婦女服務中心	23049595	遭婚暴或有民法親屬編相關問題	週三下午	預約制，律師面談，免費。

中心名稱	電話	服務對象	時間	方式
單親家庭服務中心	25580170	台北市單親	週二晚上	預約制，律師面談，免費。
台北市家庭暴力暨性侵害防治中心	080024995 27229544	遭婚姻暴力相關問題	週三晚上及隔週二下午	預約制，律師面談，免費。
台北市現代婦女基金會	23583030 23917128	遭婚暴、性侵害或有民法親屬編相關問題	週三晚上及隔週二下午	預約制，律師面談，免費。
台北市婦女救援基金會	27044882 27009595	遭婚暴婦女	週三下午	預約制
台北市晚晴婦女協會	27080126轉108	婚姻中的法律問題	週二至週五下午、晚上及週六下午	預約制，一位律師與七名民眾面談，收費五百元。
婦女新知基金會	25028934	婦女	一般上班時間	無需預約，電話諮詢
新女性聯合會(原大安婦女服務中心)	23971520	遭婚暴或有民法親屬編相關問題	週一下午、週三晚上、週五下午	預約制，律師面談，免費。
台北市政府聯合服務中心	27256168	市民	一般上班時間	無需預約，律師面談與電話諮詢

資料來源：台北婦女中心彙整

<table>
<tr><th colspan="5">其他縣市法律諮詢服務單位</th></tr>
<tr><th>地區</th><th colspan="2">單位</th><th>電話</th><th>備註</th></tr>
<tr><td rowspan="7">全國</td><td colspan="2">一葉蘭喪偶家庭成長協會</td><td>(02)22305224
(02)23052581</td><td>喪偶人士及其家庭</td></tr>
<tr><td colspan="2">女性勞動者權益促進會</td><td>(02)25531842</td><td></td></tr>
<tr><td colspan="2">中國人權協會</td><td>(02)23933676</td><td></td></tr>
<tr><td colspan="2">中華民國律師公會
全國聯合會</td><td>(02)2331-2865
(02)2314-6871
轉2184</td><td></td></tr>
<tr><td colspan="2">台灣基督教長老教會台北原住民服務中心</td><td>(02)25964508</td><td></td></tr>
<tr><td colspan="2">台灣婦女成長資源協會</td><td>(02)23568127</td><td>需電話預約，法律諮詢年費300元</td></tr>
<tr><td colspan="2">臺北市台灣婦女會</td><td>(02)27473641
(02)27473642</td><td>免費
需預約</td></tr>
<tr><td rowspan="9">台北縣</td><td colspan="2">台北縣政府服務中心</td><td>(02)2960-3456
轉771至773</td><td>免費
週一下午2：30-4：30</td></tr>
<tr><td colspan="2">台北縣原住民婦女服務協會</td><td>(02)2232-3962</td><td>原住民</td></tr>
<tr><td colspan="2">台北縣婦女會</td><td>(02)2956-1938
(02)2968-3203</td><td>免費
週三19：00-21：00
週六10：00-12：00</td></tr>
<tr><td rowspan="6">台北縣各市／鎮公所</td><td>板橋</td><td>(02)2968-9901</td><td>免費
週五14：00-16：30
週六09：30-11：30</td></tr>
<tr><td>三重</td><td>(02)2988-5782</td><td>免費
週六09：00-11：30</td></tr>
<tr><td>中和</td><td>(02)2240-4235</td><td>免費
週六09：30-11：30</td></tr>
<tr><td>永和</td><td>(02)2925-1294</td><td>免費
週五14：00-16：00
週六09：30-11：30</td></tr>
<tr><td>新莊</td><td>(02)2991-0919</td><td>免費
週六09：30-11：00</td></tr>
<tr><td>新店</td><td>(02)2918-0428</td><td>免費
週一、週六09：30-11：30</td></tr>
</table>

地區	單位	電話	備註
台北縣	汐止	(02)2642-7222	免費 週六09：00-11：00
	三峽	(02)2671-1017轉205-212	免費 週六09：00-11：30
	淡水	(02)2622-1022轉560	免費 週六09：30-11：30
	瑞芳	(02)2497-8234轉31	免費 週六09：30-11：30
基隆	基隆市政府服務中心	(02)2420-1122 轉249至251或 (02)2425-2336	免費 週三19：00-21：00 週六14：00-17：00
	基隆律師公會	(02)2465-3004	週六14：00-16：30
	基隆市婦女保護愛心協會	(02)24287171	免費
	七堵區公所	(02)24566171	免費
	中山區公所	(02)24232181	免費
	中正區公所	(02)24633341	免費
	仁愛區公所	(02)24241116	免費
	安樂區公所	(02)24312118	免費
	信義區公所	(02)24282101	免費
	暖暖區公所	(02)24579121-2	免費
桃園	桃園婦女館		
	桃園律師公會	(03)3326062	只接受委託縣政府之鄉鎮市公所諮詢
新竹	新竹律師公會	(035)223575	週六09：00-12：00
苗栗	苗栗律師公會	(037)322020	
台中	台中律師公會	(04)222-4144 (04)224-3444 (04)2241832	13：00排隊，14：00登記，14：30-17：00與律師面談，每天限十五人，每人限十分鐘
	台中晚情協會	(04)201-8690 (04)2015199	付費
	台中縣原住民婦女會	(04)6993104	入會費100，年費500
	台中縣婦女保護協會	(04)2768019	免費

地區	單位	電話	備註
彰化	彰化律師公會	(048)346-627	不做服務，僅有彰化縣政府可作諮詢
	彰化縣婦女會	(04)7222752	免費
雲林	雲林地方法院法律服務中心	(056)336511-276	電話先預約
	雲林律師公會	(056)326840	週一到週五 8:30-12：00 13：30-17：30
嘉義	嘉義律師公會	(05)2785618	週一到週六 09：00-11：00 14：00-17：00
	嘉義市婦女聯盟	(05)2812057	入會費500元、年費500元
南投	南投律師公會	(049)239569	
台南	台南市社區婦幼協會	(06)2814140	
	台南市婦女兒童安全保護協會	(06)2411290 (06)2687538 (06)2687539	
	台南市婦女福利服務中心	(06)2981347 (06)2981020	婚姻暴力受害者
	台南律師公會	(06)2148477	週一到週五 09：30-11：00 14：30-16：30
高雄	女性行動協會	(07)338-9314	
	天主教高雄康達家園	(07)2824813	受虐婦女及其子女
	高雄市一葉蘭同心會	(07)2829297 (07)2823093	
	高雄市政府社會局婦女福利服務中心	(07)2238413	
	高雄市婦女會館(紫藤園)	(07)3979672 FAX：3979680	
	高雄律師公會	(07)215-4892 (07)215-4893	週一到週五 10：00-11：00 15：00-17：00

地區	單位	電話	備註
高雄	高雄晚晴協會	(07)387-1924	付費
	高雄新知協會	(07)2729735	
	高雄縣婦幼青少年會館	(07)746-6900	
	高雄縣鳳山市婦女新知發展協會	(07)7197059	
屏東	屏東律師公會	(08)753-5416	週一到週六 09：00-12：00 14：00-17：00
	屏東縣婦女發展會	(08)7352288	免費
宜蘭	宜蘭律師公會	(039)358666	
	宜蘭縣婦女會	(03)9323831	
	宜蘭縣婦女福利服務中心	(03)9321515 (03)9351515	
	宜蘭縣蘭馨婦女福利服務中心	(03)9612914	
花蓮	台灣基督教門諾會附設花蓮縣私立善牧中心	(03)8328000	需電話事先聯絡
	花蓮律師公會	(03)8227480	
	基督教伯特利會總會	(03)8566773	
台東	台東律師公會	(089)318111	週一 09：00-11：00
澎湖	澎湖縣婦女會	(06)9263888	
	澎湖縣婦女福利服務中心	(06)9274167	

備註：律師公會偶有律師提供義務的平民諮詢服務，請先電洽詢問詳情。

資料來源：台北婦女中心彙整